인간은 왜 제때
도망치지 못하는가

히로세 히로타다 지음 ◆ 이정희 옮김

살아남기 위한
재해심리학

인간은 왜 제때
도망치지 못하는가

모요사

일러두기

1. 각주는 모두 옮긴이 주이며, 저자의 주일 경우 내용 끝에 (저자 주)라고 별도로 표기했다.

2. 인명·지명 등 고유명사는 국립국어원 외래어표기법에 근거해 표기하되, 관동關東 대지진처럼 좀 더 친숙하고 널리 사용되고 있는 경우에는 우리말 한자 독음으로 읽었다.

차 례

부족한 책이 한국어판으로 출간된다니 한국의 독자 분들께 진심을 담아 인사드립니다. 이 책의 초판이 나온 지 십 년이 흘렀습니다. 그사이 한국과 일본은 여러 재해를 겪었습니다. 그러한 사건들을 통해 더욱 명확해진 것은 재해로 인한 사망 사고의 상당 부분이 '제때 도망치지 못한' 데서 기인했다는 사실입니다. 따라서 '인간은 왜 제때 도망치지 못하는가'에 대한 최근 십 년간의 연구 성과를 소개하는 것으로 한국어판 서문을 대신하고자 합니다.

제때 도망치지 못하는 현실

왜, 재해나 사고를 당할 때 사람들은 제때 도망치지 못하는가. 3·11이라고 불리는 일본의 동일본 대지진은 2011년 3월 11일에 발생했다. 직접적인 사망자는 2만 명에 달하며 그중 약 10퍼센트가 지진에 의해 사망했고, 나머지 90퍼센트가 쓰나미(지진해일)에 의해 사망했다. 매그니튜드 9.0이라는 대형 지진이 발생한 후 거대 쓰나미가 도착하기까지는 삼십 분에서 한 시간가량의 여유가 있었다. 하지만 의아하게도 큰 피해를 입은 지역은 이제까지 반복해서 쓰나미에 의해 큰 피해를 겪어온 곳이었다. 지진이 온 직후에는 쓰나미에 대비해 산으로 도망칠 것, 쓰나미 위험지대에는 거주하지 말 것 등의 '쓰나미 문화'라는 것이 예전부터 이런 지역사회에는 뿌리내려 있을 터였다.

3·11 지진으로 큰 피해를 입은 다로우田老라는 지구는 이전부터 쓰나미로 큰 피해를 입곤 했다. 예를 들어 1933년의 쇼와산리쿠昭和三陸 쓰나미에서는 당시 인구의 3분의 1이 사망했다. 그때 지진학자들이 쓰나미가 도달하지 못하는 높은 지대로 거주지역을 옮길 것을 권고했으나, 실제로 이루어진 것은 '만리장성'이라고 불리는 10미터 높이의 대형 방파제 건설이었다.

1934년부터 1979년에 걸쳐 세 개의 방파제가 완성되었고, 그 기저부는 최대 25미터에 달하는 위용을 과시했다. 다로우 지구는 '쓰나미 방파제 마을'을 선언했다. 쓰나미를 우려해 살지 않던 땅에 호텔이 들어섰고 사람들도 그 주변에 거주하기 시작했다. 하지만 3·11의 거대 쓰나미는 방파제를 부수고 덮쳐왔고, 그로 인해 이 지구 전역에서 2백 명 이상의 사망자가 발생했다.

만약 방파제가 있으니 쓰나미가 와도 괜찮을 거라고 안이하게 안심하지 않았더라면, 또한 만약 이 정도로 심한 지진이 온 직후니까 신속히 높은 지대로 도망쳐야 한다고 생각하며 행동했다면 피해는 매우 적었을 것이다. 방파제와 같은 방재 하드웨어에 대한 과신이 쓰나미 위험을 환기시켜줄 방재 소프트웨어의 가동을 억제해버렸다고 볼 수 있다. 중요한 것은 아무리 견고한 만리장성이라도 침입자는 그것을 쉽게 넘는다는 것, 그리고 자신의 행동과 심리 속에 오히려 위험을 피할 수 있는 최선책이 있다는 점이다.

쓰나미 피해를 입지 않기 위해서는 실로 간단한 것을 하면 된다. 쓰나미가 도달하기 전에 높은 지대나 튼튼한 철근콘크리트로 된 높은 건물의 상층부로 피난하면 되는 것이다. 그런데 왜 이렇게 많은 희생자가 나온 것일까. 이 의혹을 풀 열쇠는 하드웨어적인 방재시설에 너무 의존한 나머지 인간의 행동과 심리 측면의 소프트웨어적인 방재 대책을 등한시한 것에서 찾을 수 있다. 재해를 피할 수 있는 소프트웨어적인 방재 대책의 요체는 인간에게 내재된 몇 개의 덫에 주의하고 거기에 빠지지 않는 것으로 실로 단순하고 명료하다.

안심하고 싶기에 위험을 외면하는 덫 ― 정상성正常性 바이어스

우리에게는 위험을 느끼고 싶지 않아 안심하고자 하는 심리가 항상 작동한다. 그로 인해 의심조차 해보지 않고 이상異常을 정상이라고 그릇되게 판단해버린다. 설마 내 목숨을 위협하는 일이 일어났을 리 없어, 라고 생각하는 것이다. 평화로운 일상을 흐트러트리지 않기 위해 자신에게 닥칠지도 모를 위험의 전조현상이나, 빙산의 일각 정도로 희미한 위험의 징조를 무시한다. 특별한 이상은 없다고, 이상하더라도 정상에서 아주 조금 벗어난 정도라고 믿으며 안심해버리는 것이다.

정상성 바이어스normalcy bias는 마음의 안정을 유지하는 메커니즘으로서 기능한다. 그 작용은 정신의 과중한 부담을 방지하는 것이다. 하지만 위험의 전조를 외면하는 동안 위기 상황은 진행된다. 그리고 갑자기 위기 상태를 알아차렸을 때는 누구나 "Why me?"라며 경악하게 된다.

제때 도망치지 못한 동일본 대지진, 히로시마広島에서 2014년 8월에 발생한 70명 이상의 사망자를 낸 산사태 재해, 2003년 2월의 한국 대구 지하철 화재, 2014년 4월의 세월호 해난 사고 때처럼 위기를 관리해야 하는 입장에 있는 사람들에게도 일반 피해자들의 상당수에게도 모두 정상성 바이어스가 작동했다.

우리 조사팀은 정상성 바이어스가 어떤 식으로 작동하는지를 검증하기 위해 공연무대나 텔레비전 드라마 등에서 사용하는 인체에 해가 없는 연기를 실내에 투입해 사람들이 어떤 행동을 취하는지를 조사하는 발연發煙 실험을 반복해서 실시했다. 연기가 천천히 투입된 경우에는, 머지않아 탁한 연기가 실내에 가득 차 호흡이 곤란해질 정도여도 다수의 사람들은 실외로 피난하지 않았다. 우리들은 천천히 진행되는 위험에 둔감한 것이다. 또한 이 실험에서는 혼자 있는 경우와 집단으로 있는 경우도 비교했는데, 집단으로 있는 경우가 혼자 있는 경우보다 피난행동을 일으키기까지 시간이 더 걸린다는 것이 실증되었다.

정상성 바이어스라는 덫에 걸리지 않으려면 과도한 안심을 위해 위험을 외면하는 어리석음을 범하지 말아야 한다. 허심탄회하게 사실을 있는 그대로 바라보는 용기를 가져야 한다.

서로에게 의존하는 덫 — 동조성同調性 바이어스

우리는 타인의 행동에 영향을 받는다. 타인과 때를 같이해 똑같이 행동하려는 경향이 있는 것이다. 이것을 동조행동이라고 부른다. 사람들은 서로 다양한 관계를 맺으며 얽혀 살아간다. 사회 속에서 태어나 사회 속에서 살다가 일생을 마치는 인간에게 사회나 집단의 귀속과 동조는 인간으로 존재하기 위해 지극히 중요하다. 그리고 모방과 추종은 원만한 사회생활을 위한 윤활유이기도 하다. 하지만 이것이 재해 시에 제때 피난하는 것을 방해한다.

도망쳐야 할 때 스스로는 위험을 느낌에도 불구하고 다른 사람들이 도망치지 않아서 좀 더 지켜보다가 자신을 위험에 빠뜨리는 경우가 많다. 동일본 대지진의 쓰나미 피해지인 미야기宮城 현 나토리名取 시 유리아게閖上 지구를 사망자가 나온 가정과 전원이 목숨을 구한 가정으로 구분한 적이 있다. 그 결과는 패치워크patchwork 같은 모양이었다. 사망자가 나온 집과 가까운 이웃집에서는 사망자가 나왔고, 전원이 무사한 가정은 그 이웃도 똑같이 전원이 무사한 경우가 많았다. 아마도 후자의 경우는 위험에 민감한 리더가 이웃에 소리를 치며 피난행동을 시작하자 근처에 살던 사람들도 따라서 피난하기 시작해 살아남았을 테고, 전자의 경우는 천천히 준비하며 사태를 지켜보려다가 쓰나미 피해를 입었을 것이다.

대형 재해에서 많은 사람들이 움직이기 시작했을 때는 이미 늦다. 동조성 바이어스라는 덫을 피하기 위해서는 위험을 느낀다면 혼자서라도 피난행동을 해야 한다.

그릇된 패닉관의 덫 ― 패닉 신화

패닉은 집단이 모인 장소에서 일어나는 과잉되고 이기적인 자기방어 행동이다. 그리고 재해 시에는 반드시 패닉이 일어난다고 생각하는 사람들이 실제로 많다. 하지만 지금까지의 재해 연구를 통해 알 수 있는 것은 재해 시 패닉이 일어나 피해가 확대되는 경우는 상당히 드물고, 실제로는 사람들이 움직이지 않고 피난하지 않아서 희생된다는 사실이다.

패닉을 두려워해 정확한 정보를 전하지 않은 탓에 피해를 확대시킨 사례는 셀 수 없이 많다. 후쿠시마 제1원자력발전소 사고가 발생한 직후부터 일본의 문부과학성은 방사성물질 확산 시뮬레이션을 실시했다. 하지만 시뮬레이션 결과는, 어느 정부고관이 기자회견에서 언급한 것처럼, "패닉이 일어날 것을 염려해 발표되지 않았다". 그로 인해 방사성물질이 흐르는 방향으로 많은 사람들이 피난하고 말았다. 세월호 침몰 사고에서도 "움직이지 말고 자리에 가만히 있으세요"라는 선내 방송을 반복해서 내보냈다고 한다. 패닉을 두려워한 나머지 구조되어야 할 사람들의 피난 움직임을 막아버린 것이다.

어떠한 경우라도 정확한 정보를 제대로 전달하는 것이 중요하며 패닉 신화의 신봉자가 되어 정보를 감추거나 쓸데없이 사람들을 안심시키고자 잘못된 정보를 제공해서는 안 된다.

함부로 권위를 신용하는 덫 — 전문가 오류

예상외의 일에 약한 것은 재해 및 사고 전문가도 마찬가지다. 후쿠시마 제1원자력발전소 사고에서 원자력발전소의 안전 신화는 붕괴됐고 전문가들은 '예상외'의 일로 혼란을 겪었다. 대형 재해나 사고는 언제나 새로운 모습으로 나타난다. 재해 시에 주민을 보호해야 하는 방재행정 담당자, 군인과 경찰관 그리고 소방대원들도 이처럼 전문가 오류에 빠질 우려가 있다.

방재나 위기관리 전문가는 경험을 쌓고 훈련을 거듭하므로 통상의 경우에는 잘못된 판단을 내리는 경우가 적다. 하지만 예상외의 재해나 사고가 발생했을 때는 오판을 하기도 한다. 3·11(동일본 대지진)의 후쿠시마 원자력발전소 사고도 9·11(미국 동시다발 테러)도 방재 담당자의 판단 오류가 피해를 더욱 키웠다. 방재당국에서 제공한 정보가 의심스러울 경우에는 더 정확하게 상황을 파악할 수 있도록 냉정한 판단력과 함께 인터넷과 매스컴 등의 정보를 참고해 전문가 오류를 체크할 필요가 있다.

돌발 재해 시 행동마비에 빠지는 덫 — 얼어붙는凍りつき 증후군

아무런 예고도 없이 갑자기 닥친 재해에 직면할 때 사람들이 패닉에 빠진다는 설이 사실과 다른 '신화'라는 것은 앞서 언급했다. 우리에게 재해가 닥치면 패닉과 같은 과잉반응이 일어나는 것이 아니라 오히려 역으로 망연자실해 사고는 정지하고 심신도 함께 마비 상태가 된다. 이 것은 쇼크에 대한 생리심리적인 반사행동이다. 그리고 이 '얼어붙는 증후군'이 제때 도망치지 못하는 원인이 된다.

도망쳐야 할 때 심신이 얼어붙으므로 매우 곤경에 처하게 되지만 다행스러운 것은 얼어붙는 증후군에 빠지는 시간이 매우 짧고 곧 '정신을 차린다'는 것이다. 하지만 분초를 다투며 도망쳐야 할 때는 치명적인 시간 손실로 이어진다.

얼어붙는 증후군에 빠지지 않기 위해서는 마음 한구석에서 지금 '정상성 바이어스'가 작동하고 있지는 않은지 생각하는 습관을 기르는 것이 중요하다. 그리고 만약 얼어붙은 상태에 빠진 사람이 있다면 양팔로 그 사람의 어깨를 잡고 세게 흔들며 "정신 차려, 빨리 도망가야 해"라고 크게 외치는 것으로 얼어붙은 상태를 해동시켜줘야 한다.

재해가 복합화, 다양화된 오늘날 '제대로 도망치기'는 점점 어려워지고 있다. 지금까지 서술한 다섯 가지의 심리적 덫에 빠지지 않고 신속하게 재해로부터 도망칠 수 있다면 재해로 인한 사망은 큰 폭으로 줄어들 수 있다. 하드웨어적인 방재 메커니즘이나 토목적인 건조물만이 우리를 재해에서 지켜줄 것이라는 잘못된 신념을 버려야 한다. 재해 피해를 줄이기 위해 필요한 것은 자신이 있는 장소의 위험을 알고 자신의 심리적 덫을 깨달아 그 덫에 빠지지 않도록 행동하는 것이다.

이 책이 재해 피해를 줄이는 데 조금이라도 도움이 된다면, 참으로 다행일 것이다.

2014년 9월 9일

히로세 히로타다

낡은 재해관에서 벗어나기 위하여

관성의 법칙에 지배당하는 현대인 ― 정상성 바이어스

우리 연약한 현대인은 설령 위험에 직면하더라도 그것을 감지하는 능력이 부족하다. 태풍이나 홍수, 쓰나미 등의 재해 시에 피난 권고나 피난 지시가 내려진 경우라도 그것을 따르는 사람은 놀라울 정도로 적다. 이것은 일본에만 국한된 것이 아니다. 미국이나 유럽도 다르지 않다. 지금까지의 일본이나 구미의 연구 결과에 따르면, 재해를 피하기 위해 피난 지시나 명령 등이 내려져도 피난하는 사람들의 비율이 50퍼센트를 넘는 일은 거의 없다고 한다. 안전에 적응되어버린 탓에 위험을 실감하지 못하는 것이다.

마음의 움직임에 관한 중요한 사실이 있다. 우리의 마음은 예기치 못한 이상異常이나 위험에 대해서 어느 정도 둔감하게끔 되어 있다. 일상생활을 하면서 늘 바뀌는 외부의 사소한 변화에 하나하나 반응한다면 신경은 몹시 지쳐버린다. 그 결과로 상상할 수 있는 것은 언제나 날 선 신경증 상태에 있는 사람들과 사회성이 결여된 순조롭지 않은 세상일 것이다. 그런 곳에서는 성실한 일상생활은 붕괴되고 말 것이다. 그런 이유로 마음은 '여유'를 갖는 것으로 에너지 손실이나 과도한 긴장에 빠지는 위험을 예방한다. 어느 범위까지의 이상은 이상으로 느끼지 않고 정상 범위 내의 것으로 처리하는 것이다. 이러한 마음의 메커니즘을 '정상성 바이어스normalcy bias'라고 한다. 이 정상성 바이어스가 자신에게 다가오는 위험을 위험으로 여기는 것을 방해하고, 위험을 피할 타이밍을 앗아가는 경우가 있다.

　구체적인 예가 있다. 2003년 2월 18일, 한국 대구시(인구 254만 명)에서 일어난 지하철 화재는 확인된 것만으로도 사망자 192명(신원미상 6명)이라는 큰 희생을 초래했다. 이것은 세계 지하철 화재 역사상 두 번째로 큰 사건이었다. 참고로 지금까지 가장 많은 사망자를 낸 사고는 1995년 10월에 발생한 아제르바이잔의 수도 바쿠의 지하철 화재로 280명 이상이 희생당했다.

　그러면 대구시에서 발생한 지하철 화재를 겪은 피해자들이 빠진 정상성 바이어스를 살펴보자. 이 운명의 지하철이 대구시의 '중앙로'역에 정차한 것은 오전 9시 52분, 그 순간 한 명의 방화범이 용기에 들어 있는 인화성 액체에 불을 붙여 바닥에 던졌다. 순식간에 거센 화염과 연기가 일며 '1079' 열차의 전 차량에 번졌다. 열차는 오도 가도 못하며 그 자리에서 계속 타고 있었다. 4분 후인 9시 56분, 반대편 홈에 '1080' 열차가 도착했을 땐 이미 역 구내는 검은 연기로 가득 차 있었다. 전원이 자동적으로 차단되었기 때문에 열차는 움직일 수 없게 되었고, 가까이 있던

'방화열차'에서 화염과 열기가 옮겨 붙어 곧 불타기 시작했다. 이 열차에 타고 있던 어떤 여성은 "가벼운 사고가 발생했으므로 차내에서 기다리세요"라는 안내 방송이 있었다고 말했고, 다른 남성도 "잠시만 기다려 주세요"라는 차내 방송을 들었다고 했다. 차장의 이러한 연락정보가 정상성 바이어스를 쉽게 작동하게 만들었을지도 모른다.

반대편 홈에 정차한 1080 열차 안에서 들어오는 연기에도 꼼짝 않고 강한 인내심으로 조용히 참고 있던 사람들의 모습이 승객에 의해 촬영되었다. 신문이나 텔레비전에서 보도된 그 사진은 정상성 바이어스의 본질을 알게 해주는 것과 더불어 많은 시사점을 던져준다. 이 사진은 제한이 있는 관계로 유감스럽지만 이 책에서는 소개할 수 없다.

그런데 최초의 사진이 찍힌 직후에 촬영된 다른 한 장의 사진에는 코를 손이나 손수건으로 막고 있는 사람들과 왼손에 파란색 봉투를 들고 좌석에서 일어나 있는 젊은 여성 등 행동에 변화를 보인 사람들의 모습이 찍혀 있다. 하지만 왼쪽 구석에 있는 인물이나 모자를 쓴 오른쪽 앞부분의 젊은 남성처럼 계속 같은 자세를 취하고 있는 사람도 있다. 전체적으로 보면 무언가 이상 징후를 느끼고는 있지만 그 누구도 위험을 의식한 상황에서 위기에 대응하는 행동을 취하고 있다고는 보이지 않는다. 현실적으로 자신들에게 다가온 위험을 이해하지 못하고 있는 것이다. 이것이야말로 엄청난 위험이 닥친 상황 속에서 정상성 바이어스가 그들의 행동을 지배하고 있다는 확실한 증거라고 볼 수 있다. 재해심리학의 관점에서 보면 인간은 여간해선 움직이려고 하지 않는 동물인 것이다.

오류투성이 재해관 — 패닉 신화

사회 일반의 상식과 전문가의 지식이 완전히 상반되는 일은 세상에서 결코 드물지 않다. 재해나 사고에 대해서도 마찬가지다. 매스컴 정보도 포함한 것이지만, 사회 상식은 낡은 재해관에 근거하고 있다. 전문가의 지식은 연구와 조사에 의해 변화해가므로 사회 상식과 전문가 지식이 때때로 크게 배치되고 만다. 그 일례로 패닉에 대해 이야기해보자.

먼저 독자에게 질문한다. 다음의 1과 2 중 어느 쪽이 옳을까?

1. 지진이나 화재를 당하면 많은 사람들은 패닉에 빠진다.
2. 지진이나 화재를 당해도 많은 사람들은 패닉에 빠지지 않는다.

정답은 2이다.

재해나 사고를 겪을 때 평상심을 유지하기란 어렵다. 두려움이나 불안을 느끼는 것은 지극히 당연하다. 다만 그것이 바로 많은 사람들이 앞다퉈 서로가 서로의 진로를 방해하는 적이 되어 서로를 밟거나 밀쳐서 사상자를 발생시키는 패닉이 일어나는 것으로 연결되지는 않는다. 요컨대 이상異常 행동으로서의 패닉은 많은 재해나 사고에서 별로 일어나지 않는다. 패닉은 드물다, 라는 것이 전문가의 '상식'인 것이다.

재해와 패닉을 편의적으로 연결시킨 '상식'이라는 거짓말을 야유하는 뜻으로 '패닉 신화'라는 용어를 쓰기도 한다. 재해심리 전문가들은 '신화'라는 단어를 사용해 패닉이라는 이상한 집단행동이 재해나 사고라는 돌연히 닥쳐오는 파괴현상의 은유로 이용되는 편의성을 다소 비꼬고 있는 것이다.

한편 패닉panic이란 말은 그리스 신화에 등장하는 '판Pan'이라는 반인반수 신의 이름에서 유래한다. 판은 이마에 뿔이 돋아 있고, 다리에는 염소 발굽이 달려 있다. 원래는 그리스의 아르카디아 지방에서 가축을 키우는 목동들의 신이었다. 엄청난 호색한으로 미소년과 미녀를 닥치는 대로 찾아 취하는 정력적인 신이며, 팬파이프라는 피리를 불고 노래와 춤과 술을 매우 좋아하는 쾌활한 신이다. 그런 그에게 좋아하는 것이 하나 더 있는데, 바로 낮잠이었다. 목동이나 가축, 혹은 어떤 긴박한 순간이라도 자신의 낮잠을 방해하는 것이 있다면 광적으로 화를 내는 판은 큰 소리를 내어 사람과 동물에게 이루 다 말할 수 없는 엄청난 두려움을 안겼다고 한다. 그러면 사람들은 공포에 휩싸여 부모는 아이를 잊고, 아이는 부모를 잊고 이성과 판단력을 팽개친 채 도망쳤다. 일반적으로 비이성적이고 이상스러운 집단적 도주행동을 패닉이라고 부르게 된 것은 이런 연유에서다.

재해심리 전문가가 '패닉 신화'라고 말할 때는, 일반적으로 믿고 있는 '상식'이 틀렸다는 것을 주장하는 것이다. 재해나 사고 시에 실제로 패닉이 일어나는 일은 무척 드물다.

그리스 신화에 등장하는 반인반수 신, 판

그런 것을 안다고 해서 크게 달라질 건 없다고 말하는 사람도 있겠지만, 그것은 다소 성급하다. 이러한 지식을 얻음으로써 우리들이 재해를 만날 때 어떤 이점이 있을지 여러모로 생각해보기 바란다. '아, 그런 거구나'라고 납득한 후 기억의 서랍 속에 이 새로운 기억을 넣고 봉해버린다면, 16세기 영국의 철학자 프랜시스 베이컨이 말한 "아는 것이 힘이다"가 뜻하는 바로는 이어지지 못할 것이다.

만약 호텔이나 백화점의 관리책임자가 패닉 신화의 신봉자로서 많은 손님들이 패닉에 빠져 대혼란을 일으킬 것을 염려해 화재 발생 안내를 늦춘다면 어떤 일이 벌어질까. 대참사로 이어질 것은 자명하다. 1977년 5월 미국 신시내티 시의 교외에서 발생한, 미국 화재 역사상 두 번째로 많은 희생자를 낸 '비벌리힐스 서퍼 클럽 대화재'를 그 예로 들 수 있다. 사람들이 패닉 상태에 빠질 것을 우려한 종업원이 손님들에게 "작은 화재이므로 걱정하지 마세요"라고 한 말은 고객들을 안심시키기 위해 의도적으로 화재 규모를 실제보다 줄여서 전한 것이지만, 그 말을 들은 사람들은 화재를 가볍게 여겨 피난하지 않다가 희생되었다. 이 참사의 원인은 패닉이 아니라 피난해야 할 타이밍을 놓친 데 있다. 지금까지 일어난 대화재 중에는 호텔, 극장, 클럽 등의 관리책임자가 잘못된 판단을 해 큰 희생으로 이어진 경우가 많다.

전문가 오류 Expert Error

어떤 화재나 사고도 모든 것이 완전히 똑같은 경우는 없다. 그러므로 경험이나 감에 의존해버리면 예기치 못한 실패를 겪게 된다. 경찰이나 소방관 등 화재구조 전문가들에게도 경험과 지식에 근거해 숙지하고 있는 기지既知의 부분과 그때그때마다 새롭게 전개되는 국면의 배후에 감춰진 미지未知의 부분이 혼재되어 있다.

특히 한정된 정보하에서 신속한 판단과 행동을 다급하게 해야 할 경우에는 구조 전문 베테랑조차 때로는 치명적인 오류를 저지르고 만다. 그런 의미에서 어떠한 재해나 사고도 정도의 차는 있겠지만 미지와의 만남을 포함하고 있다. 잠깐의 타이밍이나 상황 판단의 적절함 혹은 부적절함 그리고 행동의 유무有無가 일으키는 행운 또는 불운이 생사를 가르기도 한다. 한 가지 예를 들어보자.

2001년 9월 11일, 미국에서 일어난 동시다발 테러는 세 곳의 테러 현장 중 뉴욕 세계무역센터WTC 쌍둥이 빌딩에서 가장 많은 희생자가 나왔다. 세계무역센터 빌딩의 소유자는 '뉴욕 뉴저지 항만관리청The Port Authority of New York & New Jersey'이라는 기관으로, 뉴욕 시와 뉴저지를 잇는 다리나 터널, 지하철PATH 등을 관리·운영할 뿐만 아니라 J. F. 케네디, 라가디아, 뉴워크 등 세 개의 공항을 관할하고 있다. 또한 이 기관은 독자적인 거대 경찰 조직도 보유하고 있다. 이 기관을 운영하는 데 시민의 세금은 1센트도 사용하지 않고 빌딩의 임대료, 유료도로나 지하철에서 나오는 수익금을 제반 경비로 쓰는 꽤 독특한 기관이다.

테러 이전, 항만관리청 본부는 세계무역센터 빌딩 안에 있었다. 테러 발생 직후 빌딩 안에 있다가 도망가지 못한 본부의 피해자들과 경찰 간의 통화 내역 및 항만관리청 직원 간의 무선교신 기록이 이 기관에 의해 공개되었다. 이 공개 기록은 2천 페이지에 달할 정도로 엄청나며 희생자와 경찰 간의 생생한 대화를 확인할 수 있다.

세계무역센터 테러에서는 2천8백 명가량이 희생되었고, 항만관리청에서는 48명이 희생되었다. 그중 37명이 경찰관이었다.

이러한 대혼란 속에서는 경찰이라고 해도 실수를 피할 수 없다.

오전 8시 46분, 아메리칸항공 11편이 세계무역센터의 북쪽 빌딩에 충돌해 94층부터 98층까지 파괴되었다. 빌딩의 64층에는 항만관리청 사무실이 있었고, 16명의 직원이 근무 중이었다. 그들에게는 피난할 수 있는 충분한 시간이 있었음에도 불구하고 경찰의 판단 오류로 피난 기회를 놓치는 바람에 두 명을 제외한 14명이 사망하는 참사를 겪었다. 교량·터널 부서의 부장 패트릭 호이Patrick Hoey(53세)는 긴급대책본부와 전화로 다음과 같은 대화를 나눴다.

아메리칸 항공기가 북쪽 빌딩에 충돌한 후 약 25분이 경과했을 때, 유나이티드항공 175편이 남쪽 빌딩에 충돌한 직후이다.

호이: "저는 64층에 있습니다……. 저와 함께 20명 정도 있습니다."

항만청 중앙경찰파견대 경사: "알겠습니다."

호이: "어쩌면 좋을까요. 가만히 있는 편이?"

경사: "가만히 계세요. 그쪽에 화재가 났습니까?"

호이: "아니요. 바닥에 연기가 조금 있는 정도입니다."

경사: "주의하세요. 비상계단 옆에 계시고, 경관이 올라갈 때까지 기다리세요."

호이: "경관은 정말로 올라오는 겁니까? 알겠습니다. 그들이 한 층 한 층 살피는 겁니까? 저희들이 여기 있다는 걸 알려주시면 좋겠는데요."

경사: "알겠습니다."

이렇게 약 한 시간이 허비되었을 때 호이는 다시 경찰에게 전화를 걸었다.

호이: "연기가 점점 심해지고 있습니다. 계단으로 내려가려고 합니다, 알겠습니까?"

당직경관: "네, 탈출을 도모해주십시오."

호이: "네, 알겠습니다."

16명은 10시 8분에 계단을 내려오기 시작했지만 탈출 도중에 빌딩이 붕괴되었다. 두 명은 건물 더미 속에서 구출되었으나 호이를 포함한 나머지 14명은 사망했다. 64층보다 더 높은 층에 있던 많은 사람들이 피난에 성공했음에도 불구하고 구조 전문가에 대한 과도한 신뢰가 호이 일행의 자위自衛·자조自助 행동을 방해하고 만 것이다. 재해 시에 전문가 오류가 있다는 사실을 우리는 반드시 염두에 두어야 한다. 최종적으로 자신을 지키는 것은 오직 자기 자신이라는 사실을 확실히 자각해야 할 것이다.

다가오는 재해

더욱 풍족하고 쾌적한 생활을 추구하는 인간사회가 지금까지 그 자리에 있던 자연을 바꿔놓고 있다. 이렇게 자연에 대한 인위人爲의 영향이 커질수록 반작용으로 새로운 타입의 재해가 차례차례 나타난다. 우리는 그것에 하나하나 대응해나가야 한다. 아무리 거세게 자연이 맹위를 떨치더라도 거기에 인간의 행위가 없다면 재해는 없다. 그러나 거기에 인간의 행위가 관계된다면, 멈추지 않고 부단히 자연에 작용하는 그 행위는 그 자체로 새로운 재해의 원인이 될 수 있다. 효율화를 추구하기 위해 자연환경을 고려하지 않고 개조해가면 완충기능을 잃게 된 대자연은 아주 작은 변동에도 그것을 증폭시켜 우리에게 돌려준다.

근래에 동절기 서유럽을 강타한 대홍수의 주요 원인에도 인위가 깊이 관련되어 있다. 화석연료의 대량 사용으로 야기된 지구온난화로 인해 유럽에서는 따뜻한 겨울이 지속되었다. 그 결과 국제하천●의 원류가 있는 산맥지대에서 눈이 더 빨리 녹게 되었고 겨울에는 그 유역에 큰비

● 조약條約에 의해 여러 국가의 선박이 자유롭게 항해하는 것이 인정되는 하천. 도나우 강, 라인 강, 엘베 강, 나일 강, 아마존 강, 압록강 등을 들 수 있다.

가 내리게 되었다. 그 탓으로 대량의 물이 하천으로 유입되었다. 그뿐만 이 아니다. 라인 강을 필두로 한 유럽의 국제하천에서는 19세기부터 수운의 편의와 홍수 대책을 위해 하천의 사행蛇行 부분을 깎아서 직선으로 변경하는 '정형整形 공사'를 했다. 이로써 흐름에 '여유'가 없어진 탓에 예전부터 천천히 흐르던 강물의 유속이 지금까지보다 두 배나 빨라지게 되었다. 그리고 강기슭에 튼튼한 제방을 쌓는 바람에 유역의 범람원이 홍수 시의 저수 기능을 잃게 되었다. 거기에다 숲의 무리한 벌채와 도로의 아스팔트 포장으로 인해 대지의 보수력保水力에 더 이상 기댈 수 없게 되었다. 그 때문에 내리는 비가 막히거나 걸리는 곳 없이 그대로 하천으로 흘러들게 된 것이다. 독일, 프랑스, 벨기에, 네덜란드 등에 거의 매년 겨울에 강타하는 대홍수에는 이러한 인위적인 이유가 연관되어 있다. 본래는 방재를 목적으로 했던 하천 개선과 기슭의 정비가 오히려 홍수의 위협을 증폭시키고 만 것이다.

좀 더 옛날이야기를 해보자. "이집트는 나일의 선물"이라는 말이 있다. 고대 이집트 문명은 계절마다 범람을 반복하는 나일 강이 상류에서 운반해온 비옥한 토양 위에 번영한 농업문명이었다. 기원전 수천 년 전부터 나일 강변에는 7월에서 11월에 걸친 증수기가 되면 저수지 물을 빼고 유기질의 풍부한 진흙을 침전시켜 그 위에 밀 등을 심었던 것이다. 나일 강의 급격히 불어난 물은 은혜를 가져오긴 했어도 재해는 아니었다.

언젠가부터 사람들의 생활이 농업뿐만 아니라 상업, 무역 그리고 공업에 의존하게 되면서 인구가 증가해 조밀해졌고 더 많은 식량 증산이 필요해졌다. 그리고 나일 범람원에도 많은 사람들이 정착하게 되었다. 그러자 불어난 물은 은혜뿐만 아니라 재해로도 변했다. 재해 없이 어떻게 은혜만 이용할 수 있을까, 라고 생각하게 된 것은 무척 자연스러운 일이었다. 과학기술의 진보는 이런 생각을 하는 인간들에게 자신들이 현재와 자연을 개선하는 힘을 갖고 있다는 자신감을 갖게 했다. 그때 나일은 단순히 자연의 선물이 아니라 적극적으로 제어해 이용할 필요가 있는 자원이 된 것이다.

1970년에 완성된 아스완 하이 댐은 이러한 사고의 귀결이었다. 홍수 재해를 막고 농업을 위해 관개용수를 확보하고 공업화에 필요한 전력을 생산하기 위한 자연개조 말이다. 그 결과 어떻게 되었을까. 광대한 불모지를 경작지로 이용할 수 있게 되었고 밀밭이나 목화밭 면적도 넓어졌다. 또한 수력발전으로 생산된 전력은 사회생활이나 경제발전에 큰 도움을 주었다. 반면 나일이 매년 대량으로 운반하던 비옥한 진흙은 댐 안으로 퇴적되어 댐 자체를 위협했을 뿐 아니라 나일의 선물이었던 천연비료도 하류 지역으로 가져올 수 없게 만들었다. 그로 인해 염해^{塩海}가 발생했고 관개를 통해 토양의 염분을 녹이기 위해 밭에 대던 지하수의 수위가 상승해 농작물의 피해를 초래했다.

우리의 재해관은 매우 낡았다. 21세기에는 원자력 재해조차 고전적이라고 할 정도로 새로운 재해가 생겨나고 있다. 언젠가 나타날 미지의 감염질병이나 환경 파괴, 생물·화학 테러 등도 새 리스트에 추가되어야 할 것이다. 그것들을 미연에 방지하고, 방지할 수 없는 경우에는 긴급대응으로 피해 확대를 방지하며, 또한 재발을 막기 위해 노력해야만 한다. 우리가 재해에 잘 대처하기 위해서는 재해 그 자체와 재해에 직면한 인간 심리에 대한 지식과 통찰력이 필요하다. 이 책에서는 특히 인간 심리와 행동에 초점을 맞추고 있다. 재해 시의 인간 심리나 행동을 아는 것으로 자신과 가족 그리고 사회에 끼치는 재해의 손실을 감소시킬 수 있다는 관점에서, 우리가 쉽게 빠지는 심리적인 덫에 대해 논할 것이다. 그리고 위험을 감지하는 능력을 갈고 닦기 위해 필요한 무엇을, 언제, 어떻게 하면 좋을지에 대해 자세히 서술할 것이다. 이 책은 또한 재해에 따른 손실을 줄이기 위해 우리 자신의 심리적 과정이나 행동 특성에 내재하는 재해 요인과 촉진 요인을 해부하고 어떻게 하면 재해를 관리할 수 있는지를 보여주고자 한다. 그리고 마지막에는 재해가 우리 사회에 끼치는 영향에 대해 말할 것이다.

1

재해와
인간

재해란 무엇인가

어떠한 재해에도 원인이 있다. 이것을 재해인災害因이라고 부른다. 예를 들어 지진, 화산 분화, 쓰나미, 태풍 등은 재해인이다. 주의할 점은 재해인과 재해를 확실하게 구분할 필요가 있다는 것이다. 재해인은 어디까지나 원인일 뿐으로, 원인이 있다고 해서 반드시 그 결과로 재해가 일어나는 것은 아니다. 당연한 말 같겠지만, 이야기를 진행하기에 앞서 제대로 구분해두지 않으면 혼란스러워질 우려가 있다.

예를 들면 사람이 밟은 적 없는 땅에서 대지진이 일어난다고 해도 그것은 재해가 아니다. 대지진의 발생은 재해인이다. 하지만 재해인에 의해 피해를 입은 인간이나 커뮤니티가 거기에 없다면 지진이라는 재해로 이어지지 않는다. 또 말할 필요도 없겠지만 재해인이 발생했다고 해도 미소지진微小地震●처럼 그 에너지가 사람이나 사회에 파괴력을 미치지 않을 정도로 크지 않은 경우에도 재해로 이어지지 않는다.

하나의 예로 지금부터 수백 년 후의 미래 도시를 상상해보자. 그곳은 매우 견고한 인공지반 위에 초고층빌딩이 빽빽하게 들어서 있고 공중으로 이동하는 교통수단 덕분에 지각변동의 영향을 받지 않는다. 게다가 과학기술의 진보로 언제, 어디에서 어느 정도의 지진이 일어날지 예측이

● 진도magnitude 1 이상 3 미만의 지진.

가능해 직전 예지를 할 수 있으므로 위험한 장소에 있는 주민들에게 지진 경보를 울리고 필요하다면 즉시 피난 지시를 내릴 수 있다. 동시에 즉각 원활하게 피난 체제를 취할 수 있다. 이러한 대도시를 매그니튜드 8의 대형 지진이 강타한다고 해도 재해는 거의 일어나지 않을 것이다.

　재해인이 발생하는 곳에 인간사회가 영위되고 있고 그 사회가 재해인이 가져올 충격에 충분히 맞설 힘이 없어서 파괴적인 인적·물적 손실이 일어날 경우, 재해는 탄생한다. 따라서 아무리 재해인의 파괴력이 강력해도 인간사회가 충분히 버틸 능력이 있다면 재해는 발생하지 않는다. 뒤집어 말하면 인간사회가 재해인에 취약할 때 재해가 발생할 수 있다는 것이다. 1923년 관동關東 대지진의 사망자 및 실종자는 14만 2천8백 명이었고 사상자의 대부분은 도쿄 시민이었다. 당시 도쿄의 지진은 1995년 한신阪神 대지진의 고베에 비해 무척 약했음에도 불구하고 그토록 많은 희생자가 나온 것이다. 덧붙이자면 한신 대지진의 희생자는 6천4백 명가량이었다. 두 지진 피해의 크기를 비교했을 때 알 수 있는 것은, 재해인이 초래하는 물리적 파괴력이 그대로 재해 자체를 일으키는 것이 아니라 사회나 커뮤니티가 그 파괴력에 어느 정도 취약한지에 따라 재해로 이어질지 아닐지, 또한 어느 정도 규모의 재해가 될지를 결정한다는 것이다.

　이렇게 보면 재해라는 현상의 윤곽은 점점 선명해진다. [그림1]에 나와 있는 것처럼 우선 재해인이 발생하면 환경에 충격을 준다. 만약 그 충격이 환경에 변화를 일으킬 정도가 아니라면 재해인이 있어도 재해는

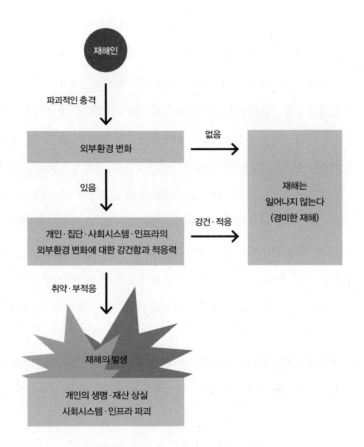

재해인

파괴적인 충격

외부환경 변화 → 없음 →

있음

재해는
일어나지 않는다
(경미한 재해)

개인·집단·사회시스템·인프라의
외부환경 변화에 대한 강건함과 적응력 → 강건·적응 →

취약·부적응

재해의 발생

개인의 생명·재산 상실
사회시스템·인프라 파괴

그림1 재해 발생의 순서도

일어나지 않는다. 그러나 불행히도 환경에 변화를 일으킬 경우에는 다음 단계로 이어진다. 그 지역에 있는 개인, 가족이나 학교·직장 등의 집단이나 조직, 또한 사회생활이나 정치·경제·의료·복지 등의 사회시스템의 기능, 전기·수도·가스 등의 라이프라인, 교통·통신이나 주거·생산 활동이 이루어지는 여러 시설·건물 등의 인프라가 환경 변화에 맞서 충분히 강건하고 환경 변화를 흡수할 적응력이 있다면 재해는 일어나지 않는다. 만약 일어난다고 해도 경미한 정도로 그칠 것이다. 앞서 말한 미래 도시의 경우가 여기에 해당된다.

반면에 개인이나 사회시스템, 인프라 등이 강건하지 않고 환경 변화에 적응할 수 없는 경우에는 재해가 발생한다. 그 결과 개인의 생명과 재산은 위험에 처하고 사회시스템은 기능을 잃고 인프라는 파괴된다. 이러한 파괴 현상을 재해라고 부른다.

재해 시의 인간행동: 재해심리학적 접근과 그것으로 알 수 있는 것

재해심리학은 약 60년 전에 탄생한 심리학의 새로운 영역이다. 대형 재해나 사고, 전쟁, 테러 등에 휘말린 피해자의 심리나 행동을 관찰하고 거기에서 전형적으로 나타나는 특징을 정리하는 연구가 최초로 실시되었다. 그 결과 재해를 겪은 사람들의 라이프스토리를 선명하게 이해할 수 있게 되었다. 나아가 상처받은 피해자의 마음을 치유하는 작업이나 피난행동, 재해 경보의 전달, 재해 커뮤니티 관계, 부흥계획 등 재해 시의 리스크를 줄이기 위한 연구에 관계하면서 연구 영역을 점점 넓혀갔다. 최근에는 경찰관, 소방관, 군인 등 긴급사태에 직업적으로 연관된 사람들의 심리와 행동에 초점을 맞춘 실증 연구도 많이 이뤄지고 있다.

재해심리학을 통해 우리는 여러 가지를 알 수 있게 되었다. 재해라는 비상상황에서도 많은 사람들은 상당히 이성적으로 행동하며 패닉 등의 이상행동이나 약탈 혹은 폭력적인 일탈행동을 실제로 일으키는 일은 드물다는 것이다. 최근에는 재해가 피해자에게 신체적 외상과 경제적 손실을 끼치는 것뿐만 아니라 마음에도 깊은 상처를 남겨 잦은 '외상후 스트레스 장애Post-Traumatic Stress Disorder: PTSD'로 오랜 세월에 걸쳐 피해자를 고통스럽게 한다는 것도 밝혀졌다. 나아가 PTSD로 괴로워하는 피해자에 대한 실천적인 심리요법을 통해 경험적 지식을 축적했고, 피해자의 심리적 장애에 대해 뇌생리학, 정신의학 등과 협력해 심리·생리학적인 이해도 깊이 하고 있다.

이 외에도 일반에는 잘 알려져 있지 않은 내용이지만 구호 활동을 위해 피해지를 방문하는 민간 자원봉사자 중에 재해 현장의 참담함과 혼란스러움에 심적인 스트레스가 쌓여 상담 등의 심리치료가 필요한 사람들이 나오고 있다는 것을 알게 되었다. 한신 대지진 때는 이전까지 본적이 없을 정도로 많은 자원봉사자들이 현지를 찾아와 이재민을 지원했기에, 그해를 자원봉사 원년이라고 부른다. 하지만 많은 수의 재해 자원봉사자는 그때까지 이런 종류의 활동에 참가한 적이 없는 자원봉사 초보자였다. 이러한 사람들이 일상과 단절된 재해 참사 속에 던져진다면 어떤 일이 벌어질까. 한신 대지진 때 너무나 엄청난 피해에 심리적 외상 체험이 될 정도로 충격을 받은 학생 자원봉사자나 고양감에 밤낮 구분 없이 움직이다가 기진맥진해버린 젊은 교수 등의 이야기를 나는 들은 적이 있다. 이재민의 심리치료는 말할 것도 없고 재해 자원봉사자의 심리치료의 중요성을 지적한 것도 재해심리학이었다.

경찰관이나 소방관, 군인처럼 직업적인 훈련을 받은 사람조차 정신적 스트레스가 크다. 미국의 메릴랜드 주 베세스다Bethesda에 있는 국립정신건강연구소National Institute of Mental Health: NIMH 내의 '긴급사태 정신건강연구센터'가 정한 직업적 구호자 관리 매뉴얼에는 구호 활동 중에, 그리고 활동 후에 스트레스 장애를 겪지 않기 위해서 전문가에게 정기적인 상담을 받을 필요가 있다고 되어 있다. 또한 상담뿐만 아니라 숙련된 지도자가 중심이 되어 서로가 서로를 받아들이는 수용적인 분위기 속에서 마음을 열고 정직한 감정을 토로하는 디브리핑debriefing이라는 모임을 자주 열어 스트레스 반응을 완화시킬 필요가 있다는 것이 재해 현장 조사에서 드러났다.

만약 지속되는 심리적 스트레스 반응을 그대로 방치하면, 경찰관이나 소방관, 군인 등 직업적 구호자들 또한 트라우마(심리적 외상)를 입고 PTSD로 고통을 겪게 된다.

한신 대지진 때의 이야기다. 한 경찰관은 무너진 집에 깔려 사망한 동생을 거두어달라는 요청을 받았으나 생존자를 우선으로 구조해야 했기에 도울 수 없었다. 또 어떤 소방관은 구출 활동을 하고 있는 사이에 불이 번져 생존자를 눈앞에 두고도 구조할 수 없었다. 이러한 경찰관과 소방관은 트라우마를 겪게 된다. 재해 시 심리치료는 중요한 과제이지만 이 분야의 일은 임상심리 전문가의 협력이 반드시 필요하다.

재해 대응의 유형

앞으로 일어날지도 모르는 재해의 기본 성격을 어떻게 이해하고 인식하는지에 따라서 재해에 대한 우리의 태도나 재해 시의 행동이 달라진다. 셀 수 없을 정도로 다양한 재해 속에서 우리가 가장 관심을 많이 갖는 재해 요소를 찾아보자. 우선 최초로 떠오르는 것은 재해의 규모, 요컨대 재해의 충격과 파괴력의 크기일 것이다. 이것은 재해 피해를 입는 인간의 입장에서 보면 피해 규모라고 바꾸어 말할 수 있다.

다음으로 우리의 관심을 끄는 것은 재해를 제어할 수 있는지의 여부다. 재해 제어라고 하면 상당히 가당찮게 느껴지지만, 여기에는 두 가지 측면이 있다. 첫 번째는 재해인에 조치를 취해서 미연에 재해 발생을 예방하거나 재해의 충격을 경감시키는 것이다. 지진이나 화산 분화, 태풍의 강타를 피하거나 그 세기를 완화시키는 것은 지금으로선 불가능하므로 이것은 먼 미래의 과제다. 현재 상태에서는 이런 영역의 재해를 제어하는 것은 무리다.

두 번째는 재해인의 발생을 피할 수 없게 되었을 때, 재해인과 재해 사이에 개입해 인간사회에 가져올 파괴의 규모를 최소화할 방재 및 감재

수단이 있는지의 여부다. 만약 재해인의 발생을 사전에 예지해 피난할 수 있다면 피해를 최소한으로 억제하는 것이 가능하다. 여기에서 당분간 우리의 관심은 어떻게 하면 재해 피해를 최소화할 수 있는가 하는 것이다. 따라서 여기에서 다룰 재해의 제어 가능성은 두 번째 측면에서 다룬 피해에 대한 제어 가능성이다.

그런데 재해의 크기와 제어 가능성 유무의 조합에 따라 사회 및 우리 자신의 재해에 대한 반응 유형이 결정된다. [그림2]는 다섯 가지의 반응 유형(과잉반응, 포기, 비용편익반응, 참음, 무관심)을 설명하고 있다.

어떤 재해인이 발생해 큰 손실이 예상된다고 치자. 하지만 만약 특정 행동을 취하면 적은 피해로 그칠 수 있다고 가정해보자. 그럴 경우 그 재해인이 발생할 가능성이 객관적으로는 매우 낮다고 해도 대응행동은 신속하게 실행될 것이다.

하지만 어떤 대응행동을 취해도 비용은 든다. 예컨대 재해인의 영향에서 벗어나기 위해 피난이라는 대응행동을 할 경우에 드는 여러 가지 비용을 생각해볼 수 있다. 주민을 피난시키기 위해서는 피난 경보나 피난 권고를 발령하고 전달해야만 한다. 이것은 국가나 지방자치단체 등 행정기관이 해야 할 부분이다. 또 동시에 사람들의 피난행동을 보조할 때도 시정촌市町村이나 도도부현道都府県●의 행정 측은 지원 체제를 정비해

● 일본의 행정구역은 홋카이도 1도道, 도쿄 1도都, 오사카·교토 2부府, 그리고 43현県으로 총 47개 도도부현道都府県(일본어로는 도도후켄으로 읽는다)으로 구성되며, 이러한 광역 보통지방공공단체 산하에 시市, 정町, 촌村(일본어로는 시, 초, 손으로 읽는다)이라는 보통지방공공단체가 속해 있다.

그림2 사회 및 개인의 재해 피해 시 반응 유형

	규모 \ 제어	재해의 크기(피해 규모)		
		大	小	경미
피해의 제어 가능성	有	과잉반응(패닉)	비용편익반응	무관심
	無	포기	참음	

야 한다. 그중에는 피난소 시설 운영이나 피난민의 안전한 이동수단 확보 등이 포함돼 있지만 어쨌든 여러 곳에서 비용이 발생할 것이다. 한편으로 피난한 사람들은 일을 쉬거나 영업 활동을 중지해야 한다. 불안이나 공포에 휩싸이는 등 정신적인 부담도 비용으로 계산되어야 할 것이다.

그런데 재해인의 발생 확률이 매우 낮을 경우에는 이러한 비용의 총계가 재해인이 가져올 예상 피해와 객관적인 발생 확률을 곱해서 정의된 피해의 기대치를 종종 초과할 것이다. 이것은 어떤 면에서는 비용을 들여서 안심을 사는 보험행위와 다를 바 없지만 비용이 편익을 초과한다는 의미에서 과잉반응이라고 볼 수 있다. [그림2]의 과잉반응 옆의 괄호 속에 패닉을 넣은 것은 패닉이 과잉반응의 일종이고 너무 당황한 나머지 과잉반응이 일어날 때 패닉에 빠질 위험이 있다는 것을 나타내고 있다.

재해인의 충격이 강력하고 그에 맞설 '대책'이 없는 경우에는 '포기'

반응이 두드러진다. 하나의 예를 들면, 도카이 지진*은 1976년에 그 위험이 지적되어 1978년에는 이 지진을 타깃으로 한 '대규모 지진대책 특별조치법(대진법)'이 만들어졌다. 그리고 도카이 지역에는 지진 전조를 감지하기 위해 지금까지 세계에서 유례를 찾기 힘들 정도로 조밀한 관측망이 깔렸다. 대지진이 일어나기 수일 전에 지진 발생을 예지하는 직전 예지가 가능하다면 지진 경보 선언을 발령할 수 있으므로 도카이 지진에 의한 피해를 상당히 줄일 수 있을 것이다.

직전 예지가 가능하다는 낙관론에 대해 당시는 물론 현재는 더 많은 지진학자들이 매우 회의적이다. 그리고 회의적인 이들은 지진학자만이 아니다. 일반 시민 또한 그렇다. 우리 조사연구팀은 같은 조사대상자를 반복적으로 조사하는 패널 조사라는 방법을 이용해 시즈오카靜岡 현에서 1980년부터 1983년에 걸쳐 4회의 앙케트 조사를 벌였다. 그 결과에 따르면 도카이 지진의 과학적 직전 예지에 대해서 '불가능하다'는 의견이 절반 이상이었다. 피해에 대해서는 '아무리 대책을 세운다 하더라도 수많은 희생자가 나올 것이다'라는 답변이 역시 절반 이상이었다.

이처럼 대형 지진의 피해를 줄이는 것이 인위적으로 불가능하다고 믿는 사람들의 경우 지진 위험지역에서 안전한 장소로 이주하거나 '하늘에 운을 맡긴다' 혹은 '정해진 대로 따를 수밖에 없다'라며 체념하는 수

● 일본 본토인 혼슈本州의 남쪽부터 동쪽까지 이어지는 3개의 바다인 난카이南海, 도난카이東南海, 도카이東海 지역에서는 100~150년 주기로 거대 지진이 일어나고 있다. 도카이는 1854년, 도난카이는 1944년, 그리고 난카이는 1946년에 대규모 지진이 발생한 바 있다. 이에 따라 일본에서는 향후 몇 십 년 내에 도카이 대지진이 일어날 것이라는 불안감이 팽배해 있다.

밖에 없다. 시즈오카 현의 주민뿐만 아니라 일본인 전체가 그렇다고 말할 수 있는데, 대형 지진에 대해서는 '포기' 반응이 두드러진다.

　재해인의 충격이 약하고 어떻게든 대책을 실시하면 피해를 경감시킬 가능성이 있는 경우에 전형적으로 볼 수 있는 것이, 비용과 편익 대비를 중시하는 반응이다. 이것의 특징은 만약 막대한 비용을 들여 피해를 경감시킨다 하더라도 투입된 비용이 감소한 피해와 균형을 이루지 않으면 쓸모없는 투자가 된다는 것이다. 만약 수지타산이 맞지 않는 예측이 나올 경우 재해 대책은 실행되지 않는다. 하지만 투입한 비용보다 피해 경감의 크기가 클 경우 재해 대책은 적극적으로 일어난다. 이런 종류의 재해에 대해서는 지극히 냉정하게 비용과 편익을 비교해 편익이 앞서는 범위 내에서 재해 대응이 이뤄진다. 세금 낭비를 피해 효과적인 재해 대책이 실행되는 것은 재해인의 충격이 약하고 피해에 대한 제어가 가능한 경우에 한해서라고 봐야 할 것이다.

　도쿄 도심을 흐르는 간다 강神田川은 장마철에 종종 범람했다. 도심 홍수에 의한 피해는 그야말로 비싼 대가를 치러야 하기 때문에 이 강에 대해서는 적극적으로 막대한 개선비용을 투입해 호안공사와 준설공사를 하고 지하에 거대한 홍수 조정용 저수지까지 만들었다. 게다가 경보시스템을 정비하고 홍수 시에 재빨리 피난할 수 있는 체제를 갖춘 결과 홍수 피해가 현저하게 감소했다. 같은 홍수가 빈번하게 일어나는 하천이라도 인구밀도가 적은 지역이었다면 이 정도로 열의를 들여서 대책을 세우지는 않았을 것이다. 방재 대책 비용에 부응하는 피해 경감을 기대할 수 없기 때문이다. 나는 대학 3학년생의 세미나에서 20명가량의 학생들을 향해 "올해에 인플루엔자 백신을 접종한 사람이 있으면 손들어주세요"라고 요청했다. 손을 든 학생은 한 명도 없었다. 백신 접종을 하면 인플루엔자에 걸릴 위험을 상당히 낮출 수 있다. 하지만 의료기관에 가서 한 번에 2천 엔에서 5천 엔이나 하는 주사를 두 번씩이나 맞아야 한다. 그들은 비용이 너무 커서 편익을 초과한다고 상정한 것이다. 이번에는 다음과 같이 요청했다. "대학수험 전에 인플루엔자 백신 주사를 맞은 사람이 있으면 손들어주세요." 그러자 과반수의 학생이 손을 들었다. 그들은 수험 시기에 인플루엔자에 걸리지 않으려는 편익이 백신 접종의 비용을 초과한다고 인식한 것이다. 인플루엔자라는 '재해'에 대해 대학생들은 합리적인 의사결정을 한 듯하다.

재해인의 충격이 약하고 더구나 무엇을 해도 피해를 경감할 수 없는 재해의 경우, 부자유스럽고 불편한 상황에서도 '참음'이라는 반응이 나타난다. 여름의 이상 가뭄이 이러한 종류의 재해일 것이다.

또한 재해인의 충격이 우리가 일상에서 의식하지 못할 정도로 약할 경우에는 피해를 경감하는 수단이 있건 없건 거의 아무런 대책을 세우지 않고 사회도 인간도 그 재해에 무관심한 채로 지낸다.

재해의 충격에서 회복까지

지금까지의 연구로 알게 된 것을 통해 재해 충격을 받을 때의 인간행동에서 시작해, 상처받은 이재민의 심신이 치유되어가는 과정, 손상을 입은 커뮤니티 기능이 회복되고 부흥하는 단계, 그리고 이재민 개인이나 그 가족, 사회가 재해 상태에서 점점 벗어나는 모습을 시간 경과에 따라 좋아가보자.

1) 충격 시

충격의 기간은 재해의 종류에 따라 다르다. 대지진이라도 주요 지진 충격은 기껏해야 몇 초에 불과하지만, 만약 그 후에 화재가 발생해 대화재로 이어진다면 완전히 진화할 때까지 최장 이틀 정도가 걸린다.

대형 재해의 충격을 받으면 많은 사람들은 처음에는 무슨 일이 일어났는지 모른 채 망연해하다가 그 후에는 경악 상태에 빠진다. 그러나 이 상태도 길게 가진 않는다. 중상을 입거나 건물 더미 밑에 깔려 몸을 움직이지 못하는 경우는 물론이고 경상에 그치거나 운 좋게 부상을 당하지 않은 사람들의 경우에도 그 심리는 이 시점에서 긴급대응 모드로 변한다. [그림3]에서 볼 수 있듯이 눈앞의 재해에 대한 공포나 불안 등에 의해 심리적인 활동성은 억제되는 한편 신체를 긴장시켜 '화재 현장에서의 괴력'*을 발휘해 절박한 상황을 헤쳐 나가려 한다. 재해 충격이 발생하면 그것이 지속되는 동안은 공포나 불안을 의식할 만한 여유가 없다. 이처럼 쓸데없는 에너지 손실을 줄이고 모든 에너지를 신체 활동에

---

* 화재 현장 같은 위급한 상황에서 발휘되는 초인적인 힘을 말한다.

투입하므로 신체적인 활동은 점점 상승해 정점까지 다다른다.

2) 허탈 상태

재해의 충격이 끝날 즈음, [그림3]에 나오듯이 사람들은 극도의 신체적 긴장과 심리적 활동의 정지 상태에 놓이게 된다. 감정 정지 및 생존을 우선으로 하는 심신 상태에서 사고나 감정을 동반하는 인간행동으로의 '스위치 전환'이 필요해진다. 이 전환을 하는 사이에 이재민은 일종의 허탈 상태에 빠진다. 허탈한 마음속에서도 재해에서 살아남았다는 기쁨을 느끼는 사람들이 있는 한편 너무나 비참한 상태에 멍한 채로 생각만 두서없이 흘러가 혼란스러워하는 사람들도 있다. 피해를 입은 주택

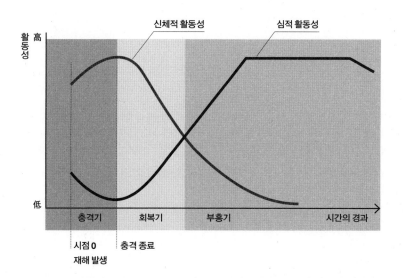

그림3 재해 시의 마음과 신체의 활동성

앞에 계속 서 있거나 중상을 입었어도 거의 통증을 느끼지 못하는 것이 이 시기의 특징이다.

이 무방비 상태의 이재민이 약탈이나 폭력에 놓일 위험이 있다는 속설이 있으나 실제로는 오히려 이웃들의 애타적인 구호 활동이 이들에게 향한다.

이 허탈 상태는 그리 길게 지속되지 않는다. 많은 조사연구에서 알 수 있는 것은 한 시간도 지나지 않아 충격 상태에서 회복해 다른 이재민을 돕거나 자신이 부상을 입은 경우에는 병원에 가는 등 정신을 차리고 행동하게 된다. 같은 재해를 견딘 사람들끼리 서로가 무사한 것을 기뻐하는 등 이 시기의 많은 사람들이 다음에 서술할 재해 후의 유토피아 단계를 경험한다.

3) 재해 후의 유토피아

재해의 충격이 가라앉으면 신체의 긴장이 서서히 풀린다. 동시에 마음은 [그림3]에 표시된 것처럼 억압에서 해방되어 점점 숨통이 트인다. 한순간이라고 할 수 있을 정도의 짧은 기간이지만 불안이나 공포는 아직 억눌려 있는 한편, 가혹한 재난에서 살아남은 사람들 사이에 안도감이나 일순간 지복감至福感에 가까운 기쁨의 감정이 드러날 때가 있다. 이 단계를 다행증多幸症 단계, 혹은 재해 후의 유토피아라고 부른다.

예를 들면 자신이 피해를 입었다고 해도 가혹한 지옥의 밑바닥에 던져진 듯한 경험을 한 후에 모든 것이 파괴되지는 않았다는 것을 알게 된다. 이것은 이재민에게 크나큰 구원이다. 그리고 뜨거운 관심과 동정에 가득 찬 구호와 지원의 손길에 피해자는 따뜻한 인간적 유대 관계를 확인하고 생사의 갈림길을 눈앞에 두고 생환한 자신의 생존을 허탈한 평온 속에서 기뻐한다.

　관동 대지진 때도 이러한 알 수 없는 지복감을 체험한 사람이 있다. 작가 구라타 하쿠조倉田百三는 희곡『출가와 그 제자出家とその弟子』를 쓴 지 2년 후에 관동 대지진을 겪었다. 그는 당시의 종합잡지『가이조改造』에 "더 이상 죽을 일은 없을 것이라고 생각하면 그 기쁨에 다른 생각은 들지 않고 도리어 일종의 해방되었다는 행복에 가까운 느낌이 일었다"라고 썼다. 어찌 되었든 살아남았다는 순수한 기쁨의 감정이 이 젊고 혈기 왕성한 작가의 마음을 충만하게 한 것이다. 여기에서 "다른 생각은 들지 않고"라고 쓴 점이 중요하다. 자신의 주변은 많은 피해를 입었으나 그것은 별개로 어쨌든 시련에서 해방되었다는 안도감을 느낀 것이다. 이러한 지복감이 재해 후의 유토피아 단계의 공통적인 감정이다.

　같은『가이조』의 대지진호에서, 이미 삼십대 후반에 다이쇼 시대를 대표하는 저명한 화가로 이름을 떨치고 시집『금달맞이꽃宵待草』을 펴낸 시인이기도 한 다케히사 유메지竹久夢二가 다소 부끄러움을 드러낸 다음과 같은 글도 놓칠 수 없다.

　　나는 목숨을 구했기에 이렇게 말하는 것이 송구스럽긴 하지만, 안타깝다거나 불쌍하다고 말하는 것만으로는 마음에 차지 않는 부분이 있다. 마음을 요동치게 하는 무언가, 기쁨도 슬픔도 아닌 이 큰 감동을 과연 무엇이라고 하면 좋을까.

여기에서 유메지가 말한 기쁨도 아니고 슬픔도 아닌 이 약동성이야말로 얼어버린 마음이 해동될 때의 심리적 움직임을 나타내는 것이다.

히로시마에서 원자폭탄을 경험한 작가 오오타 요오코大田洋子도 미국의 정신과 의사인 로버트 리프턴Robert J. Lifton과의 인터뷰에서 시체 천지의 마을에서 피폭 직후의 어느 날 눈을 떴을 때 자신이 살아 있다는 것에 격한 기쁨을 느꼈다고 말했다. 이러한 감동은 피해자들의 마음을 연결시켜주어 뒤에서 서술될 비상시 규범이 태어나는 심리적 기반이 된다.

4) 피난과 구호 활동: 원심적 행동과 구심적 행동

한신 대지진에서는 한신고속도로는 물론이고 국도나 현도가 곳곳에서 끊겨 신칸센, JR 재래선(在来線, 기존 국철 노선), 사철(私鉄, 민영 철도)의 각 노선들, 지하철 등이 매우 큰 피해를 입었다. 다만 다행스럽게도 간선도로에서는 국도 2호선의 피해가 비교적 적었다. 지진 발생 몇 시간 후에는 국도 2호선 고베 방면의 차선이 소방·경찰 차량과 구호물자 운반 트럭, 텔레비전이나 신문 등의 매스컴 차량 등으로 심하게 정체되고 있었다. 의아하게도 반대쪽인 오사카 방면의 차선은 상당히 한산했다. 보통 대형 재해의 경우 피해지를 피해 안전한 장소로 이동하는 사람들의 차량으로 인해 피해지 방면의 반대편 차선도 심하게 정체된다. 그러나 한신 대지진 때는 많은 이재민들이 도로를 사용할 수 없었기 때문에 차를 이용하지 않고 살고 있는 마을 안의 피난소까지 걸어서 피난했다.

대개 재해 직후의 피해지에서는 피난을 위해 피해지로부터 외부를 향해 이동하는 사람들이나 차량들과 그 반대로 피해지 쪽으로 향하는 구원부대나 구호물자를 운반하는 트럭, 의료팀·매스컴 등의 차량들이 겹치며 교통이 매우 혼잡해져 구호 활동에 지장을 준다.

피해지에서 외부로의 이동을 원심적 행동, 외부에서 피해지 내부로의 이동을 구심적 행동이라고 한다. 이러한 원심과 구심의 대이동은 재해 시의 특징이지만 엄청난 규모의 대형 재해 시에는 U턴의 흐름이 나타난다. 이것은 동일한 사람에게 원심과 구심 행동 모두가 나타나는 현상이다. 재해를 피해서 피난한 사람들이 여전히 화재나 건물 붕괴의 위험이 있는데도 육친을 찾거나 집이 안전한지 확인하거나 귀중품을 가지러 피해지로 다시 돌아오는 것이다. 이러한 흐름이 교통 체증을 더욱 심화시킨다. 그리고 동시에 피해자가 2차 재해에 휘말릴 수 있는 위험도 증가하게 된다. 재해 시에는 철저한 교통 규제를 할 필요가 있는데 무엇보다도 중상자를 긴급하게 치료해야 하기 때문이다. 한신 대지진의 경우처럼 교통 대혼란으로 인해 구호 활동이 늦어지면 피해자가 생명을 잃기도 한다.

5) 비상시에만 통용되는 사회규범

바빌로니아의 함무라비 법전 시대부터 법률은 사람이 지켜야 할 약속들의 집적이었다. 윤리나 도덕이라고 말하는 것 또한 결국 사회적인 약속이다. 이러한 약속들을 일반적으로 사회규범이라고 부른다. 우리는 사람의 물건을 훔치면 안 된다거나 거짓말을 하면 안 된다는 극히 인류 보편적인 약속부터 식사 매너나 타인을 존중하는 표현처럼 각기 다른 문화의 다양한 약속 속에서 살아가고 있다. 인간은 사회적인 동물이라고 일컬어진다. 그것은 우리가 사회 밖에서 살아갈 수 없다는 뜻이다. 사회규범 자체가 우리의 마음속에 내재화되어 있기에 우리는 인간으로서 존재할 수 있다. 절해의 고도에서 28년간 살아야 했던 로빈슨 크루소는 신을 믿어야 할 필요가 있었고, 프라이데이라는 시종도 빼놓을 수 없었다. 신앙은 크루소가 그때까지 살아왔던 사회와의 관계를 실감하게 해주는 부분이었고, 프라이데이와의 주종 관계는 사회 그 자체였다.

사회가 갖고 있는 규범 관계에 기초해 사회생활이 영위된다는 것은 재해 시에도 평상시에도 변하지 않는다. 다만 평상시와 재해 시는 규범의 내용이 달라진다. 재해는 우리 주위의 환경을 급격하게 변화시킨다. 심신에 상처를 입거나 재산을 잃는 등의 변화에 적응해 살아가야 한다. 재해 시에는 그때까지 당연했던 규범이 뒤로 물러나고 자연발생적으로 싹이 튼 '비상시 규범'이라는 새로운 사회적 룰이 대신한다. 재해를 겪은 직후 사람들은 비상시 규범을 따르는 것으로 곤란한 사태를 벗어나고자 한다. 우리는 여기에서 인간의 훌륭한 지혜를 엿볼 수 있다.

이 새로운 룰의 특징은 개인의 자유를 억제하고 평등화를 추구한다는 데 있다. 재해를 경험한 사람들 사이에 잠깐이지만 운명공동체 의식이 생겨난다. 이렇게 친밀한 감정을 공유하는 것으로 서로를 돕는 행동이 강하게 촉발된다. 이때까지는 약육강식의 원리로 강한 것이 약한 것을 혹독하게 지배하는 사회였어도, 이 비상시 규범하에서는 피해를 적게 입은 사람이 큰 피해를 입은 사람을 구하고 강자가 약자를 보호하기 위해 손을 내미는 애타행동이 유발된다.

1970년 페루의 융가이Yungay에서 매그니튜드 7.7의 대지진이 발생했다. 안데스의 얼음 덩어리들이 떨어져 내리며 산사태가 일어나 5만 명 이상이 희생되었다. 문화인류학자들의 현지조사에 따르면, 이 피해지역은 원래 인종 간의 대립이 잦고 빈곤과 계층 격차가 있어서 종종 사회적 갈등이 빚어졌다고 한다. 그렇지만 지진을 겪은 직후 가난한 인디오들이 자신들이 먹기에도 부족한 식료품을 피난소에 나눠주거나 여유가 있는 이들이 가난한 사람들에게 여러 지원을 하는 광경을 볼 수 있었다. 그러나 점점 외부인들의 구호 활동이 활발해지면서 구호물자 배분을 둘러싸고 인종적, 사회적 대립이 다시 불거졌다.

만약 적대 관계라 하더라도 자신들의 생존을 위해 서로 협력해야 한다면 우리는 적대감을 의식하지 않고 협력해나갈 수 있는 지혜와 유연성을 가지고 있다. 운명공동체 의식도 결국 훌륭하기 그지없는 우리 인류의 예지叡智에서 나온 창조물일 것이다. 그리고 협력이 필요 없어지면 비상시 규범도 끝을 향한다.

에도 시대에 일어난 안세이安政 대지진 때는 호화 상점이나 사찰이 피해자에게 식료품이나 일용품을 제공하는 보시를 했다. 막부는 에도 시내에 구호 창고를 만들어 구호 쌀로 피해자를 구제했다고 한다. 이것도 비상시 규범하에서 이루어진 것이다. 이 비상시 규범은 앞에서 서술한 재해 후의 유토피아 단계를 계기로 탄생하는 사회규범으로 이재민 사이에 재해에서 살아남았다는 강렬한 기쁨과 운명공동체 의식이 남아 있는 한해서 유지되는 비교적 단기간의 규범이다. 길어도 1~2주일 정도밖에 지속되지 않는다. 그리고 그 후에는 몹시 빠르게 일상적인 사회규범으로 다시 돌아간다. 약육강식과 이기적인 것이 최대의 무기인 양 혹독한 현실이 기다리고 있는 것이다.

6) 회복기

① 견딜 수 없는 기억

재해로 인한 물리적 파괴가 멈췄다 하더라도 사회·심리적 재해는 멈추지 않는다. 망연한 충격 상태의 단계를 지나 유토피아적인 지복감이 끝나면, 피해자 앞에는 가혹한 현실이 기다린다. 신체적 활동성과 심적 활동성의 변화를 나타내는 [그림3]에서 양쪽 선이 교차해 역전하는 부근부터 신체 에너지는 고갈되어 활발함이 사라지는 한편 마음은 지금까지 억눌린 것에 대해 반격이라도 하듯이 활발하게 움직인다.

충격을 받았을 때의 공포나 불안은 마음속에 소화되지 않은 채로 남아 있다. 미처 처리되지 못한 감정은 마음속에서 말끔히 처리해 기억의 서랍 속에 정리해 넣어둬야만 한다. 그러나 충격을 받으면, 감정이 억압되므로 충분히 느끼거나 생각할 수 없어서 소화불량을 일으켰던 무서운 장면이나 불안이, 억압하는 힘이 약해진 지금 되새김질하는 음식물처럼 올라온다. 그것은 한여름 햇볕에 뜨거워진 캔 맥주의 뚜껑을 따는 것처럼 한꺼번에 쏟아져 나온다.

　지진 발생 후 20일이 경과했을 때 고베 시 피난소에서 나와 함께 이야기를 나눈 육십대 후반의 여성은 한신 대지진의 충격을 말하기 시작하면 입술을 떨며 눈물을 흘렸다. 그즈음은 여진이 여전히 지속되고 있었는데 "아무리 작은 여진에도 깜짝 놀라 가만히 있지 못하고 벌떡 일어나요"라고 두려워하며 말했다. 한 사람당 이불 한 장을 겨우 깔 정도로 비좁은 피난소 생활이었기에 밤에 잠을 자려고 누우면 사람들이 베개 근처를 걸어 다녔는데 그 쿵쿵하는 작은 진동에도 깜짝깜짝 놀란다는 것이다. 이 여성의 자택이 피난소에서 국도를 타고 이삼 분만 가면 되는 곳에 있다고 해서 자택 안내를 부탁했다. 골목 구석에 위치한 이 여성의 집은 주변 집들이 모두 반쯤 붕괴된 상태였는데도 큰 피해를 입지 않은 것처럼 보였다. 하지만 집 내부는 혼란스러웠다. 비틀려 위험해 보이는 계단을 통해 2층의 한 방으로 안내받았다. 지진 당시 그녀는 거기에서 자고 있었고 서랍장에 끼여 움직일 수 없게 되자 큰 소리로 남편을 불렀다. "여보! 여보! 여보!" 구출될 때까지의 시간이 무척이나 길게 느껴졌는데 도중에 몇 번이나 죽을지도 모른다는 생각이 들었다고 한다.

　나를 안내하던 그녀는 자신의 집 2층에 올라간 것이 지진 이후 처음이라고 했다. 그때까지는 당시의 일이 떠오를지도 모른다는 두려움에 자신의 침실을 볼 수 없었다고 한다. 공포의 감정은 이처럼 매우 강렬하다.

지진으로 인해 자신의 집이 붕괴되어 건물 더미 속에 긴 시간 동안 갇혀 있다가 구조된 아이들은 흙냄새나 나무 냄새에 매우 강한 공포반응을 보인다는 이야기를 한신 대지진의 자원봉사자에게서 들은 적이 있다. 아이들이 몸을 움직일 수 없어 죽을지도 모른다고 느꼈을 때 바닥이나 벽면의 흙냄새, 부러진 기둥이나 대들보에서 풍기는 나무 냄새를 맡았다고 한다. 아이들에게 이 냄새와 죽음의 구속 관계가 연합학습 associated learning 된 탓으로 후각의 자극이 공포를 불러오게 된 것이다.

② 재해증후군

재해 후 다수의 피해자가 심신이 불편하다고 호소한다. 앞서 말한 공포의 기억도 하나의 원인이고 재해로 인해 잃어버린 것에 대한 상실감, 앞으로의 생활에 대한 불안 등도 그 원인이다. 우리 조사연구팀은 1977년 우스 산有珠山 화산 분화 직후 피해지 중에서 가장 큰 피해를 입은 홋카이도 아부타虻田 마을의 이재민을 대상으로 앙케트 조사를 벌였다. 그 조사 결과에 따르면, 전체의 76퍼센트가 '자주 피로하다', '두통이 있다', '위가 아프다', '심장 상태가 이상하다', '지병이 악화되었다' 등 심신의 불편을 호소했다. 그로부터 23년 후인 2000년에 일어난 우스 산 화산 분화 직후에도 우리 팀은 아부타 마을의 피난민에게 같은 조사를 실시했다. 그 조사에서는 '왠지 불안하다'(38%), '왠지 초조하다'(34%), '잠이 오지 않는다'(29%) 등 정신적인 불편을 호소하는 사람들을 상당히 많이 볼 수 있었다.

이처럼 재해 후 정신적인 증상을 호소하는 사람들이 많은 것은 최근 20~30년 사이의 특징이라고 나는 생각한다. 예전에는 그러한 호소를 꺼리는 분위기가 있었다고 들었다. 이 정도로 자유롭게 여러 고통을 말할 수 있게 된 것이 다행스럽다.

1993년 7월에 있었던 홋카이도 난세이오키南西沖 지진 직후 일어난 쓰나미와 화재로 인해 오쿠시리奥尻 섬의 사망자와 실종자는 198명에 달했다. 지진 후 우리가 이 섬에서 실시한 앙케트 조사에서 '왠지 모르게 불안하다'(39%), '왠지 초조하다'(26%), '잠이 오지 않는다'(19%) 등, 2000년 우스 산 화산 분화의 이재민처럼 정신적 긴장과 강한 불안감에 많은 사람들이 억눌리고 답답해하는 상태에 있다는 것을 알게 되어 대단히 걱정스러웠다.

재해 후 심신이 불편해지고 여러 가지 증상이 단기간에 나타나는 것은 이상한 일이 아니라 일반적으로 볼 수 있는 현상이다. 전형적인 신체적 증상으로는 '왠지 안정이 안 된다', '도무지 잠이 오지 않는다', '잠을 깊이 잘 수 없다', '잠잘 때 악몽을 꾼다', '갑자기 심한 경악반응을 일으킨다', '전반적인 활동력 저하', '심한 피로감', '위장 상태가 나쁨', '두통' 등이 있다.

지적 능력 장해로는 '집중력이 저하되었다', '논리적으로 생각하거나 합리적인 의사결정을 할 수 없게 되었다', '기억이 혼란스럽다', '재해 때의 비참한 정경들이 반복되어 선명하게 떠오르는 플래시백 현상이 나타난다' 등의 증상이 일반적으로, 이재민 다수의 마음을 고통스럽게 했다.

또한 감정 면에서는 '과도한 공포증', '불안감', '사회에서 단절된 고독감', '갈 곳이 없다는 노여움', '우울함', '모든 것에 마비되어버린 듯한 무감정', '자신감을 잃은 무력감', '자신이 구조되어서 다른 사람이 죽거나 부상당했을 것이라는 죄의식', 게다가 '타인이 악의를 품고 있다든지, 험담을 들었다든지 하는 감각 과민' 등 다양한 증상이 복합적으로 나타났다.

이러한 증상은 며칠에서 몇 주 동안 지속되는 경우가 자주 있지만, 어느새 곧 사라지는 것이 많다. 이 같은 심신 증상을 재해증후군이라고 부른다. 예를 들어 1982년 홋카이도 우라카와오키浦河沖 지진 당시 도쿄대학 신문연구소가 실시한 앙케트 조사에서는 지진 후 일주일 동안 두통·구토·위장병 등 신체적 증상을 호소한 이재민이 전체의 24퍼센트, 불면증·권태감 등 정신적 증상을 호소한 피해자는 49퍼센트에 달했다. 하지만 지진 한 달 후에는 신체적 증세는 6퍼센트, 정신적 증세는 10퍼센트로 격감했다. 이재민 다수에게 지진 직후부터 재해증후군이 나타나지만, 점차적으로 사라져 일상생활에서 곧 거의 눈에 띄지 않게 된다. 하지만 이러한 증세가 장기적으로 지속되거나, 재해 후 몇 주가 흐른 뒤에 처음으로 나타나 지속되는 경우에는 PTSD를 의심할 수 있다. 그러한 경우에는 전문가의 치료가 필요하다.

③ PTSD(외상 후 스트레스 장애)

버팔로 크리크^{Buffalo Creek} 대홍수가 일어난 것은 1972년 2월이었다. 미국 웨스트버지니아 주의 탄광 마을 버팔로 크리크에서 석탄 광재(鑛滓, 제련하고 난 찌꺼기)로 만들어진 보터 산을 무너뜨린 홍수는 16개의 촌락을 흙 바다로 만들어, 125명의 사망자를 내고 천 호의 가옥을 파괴했다. 이 재해에서는 정신과의료팀이 일 년 반에 걸쳐 이재민의 정신상태를 추적 조사했다. 조사에 참여한 정신과 의사들은 이재민의 93퍼센트라는 매우 많은 사람들이 어떤 정신적 장애를 보이고 있다고 보고했다. 홍수가 정신에도 부상을 입힌 것이다.

이처럼 피해 규모가 크고 광범위하게 걸쳐 있는 재해에서는 이재민 사이의 인간적 유대가 단절되고 이재민 한 명 한 명이 고독하고 독립된 존재가 된다. 재해사회학자인 카이 에릭슨^{Kai Erikson}은 약 2년에 걸쳐 이 재해를 계속 추적 조사한 후 최종보고서에서 이것을 구체적으로 설명했다.

재해뿐만이 아니다. 1985년 8월, 520명의 사망자를 낸 일본항공기 추락 사고나 1995년 3월, 옴진리교에 의한 지하철 사린 테러처럼 다수의 희생자를 낸 끔찍한 사고나 테러 등을 겪은 사람들, 그리고 2001년 9월에 일어난 미국 동시다발 테러의 유족들, 2003년 3월부터 시작된 이라크 전쟁의 대량살육에 휘말려 자신과 지인들의 생존이 위협받는 등 가혹하고 고통스러운 경험을 한 사람들은 세계 곳곳에 무수히 많다. 그러한 경험은 트라우마가 되어 사람의 정신생활에 중대한 악영향을 끼친다. 이것을 PTSD라고 부른다. PTSD의 원인은 살육이나 불의의 죽음처럼 극단적인 경우에만 나타나는 것이 아니다. 어린 시절에 가정학대를 경험했거나 가족 동반자살에 휘말린 아이들, 부모나 형제자매가 폭행당하는 것을 목격한 아이들 또한 트라우마를 겪는다. 그러한 경우 마음은 출구가 없는 공포나 불안, 무력감에 의해 상처 입고 그 이후의 삶에서도 완전히 치유되지 않는다. 그로 인해 PTSD가 나타날 확률이 높다. 만약 본인 스스로 트라우마를 인지하지 못하더라도 정신생활은 손상되고 심하면 파괴될 우려도 있다.

미국의 정신과 의사인 주디스 하먼Judith Harman은 PTSD의 주요한 증상을 세 가지로 분류했다.

우선 첫 번째는 '과각성hyperarousal' 증상이다. 이것은 PTSD를 겪는 사람에게 두드러진다. 과각성이란 문자 그대로 의식이 과도하게 민감한 상태이다. 만약 무언가로 인해 마음에 외상을 입었다면 상처 입은 사람은 언제 다시 닥쳐올지 모를 동일한 위험에 대해 항상 자세를 갖춰 대비하게 된다. 생리적으로도 심리적으로도 과도한 각성상태에 자신을 두고 경비태세를 세우는 것이다. 이것은 자기방어시스템 기능이 과잉 작동한 결과라고 볼 수 있다. 만약 과각성 증상이 있다면 작은 일에도 경악에 가까운 반응을 일으켜 무언가에 초조해하며 밤에도 잠들지 못한다. 스트레스로 가득 찬 상태가 되는 것이다.

두 번째 PTSD의 특징은 '침습intrusion' 증상이다. 마음에 외상을 입은 사람은 그 외상을 입은 순간의 정경을 눈을 뜨고 있을 때는 마치 실제로 지금 일어나고 있는 것처럼 뚜렷하게 플래시백 형태로 재현해 상기한다. 그리고 잠이 들면 외상성 악몽을 반복하고 또 반복하는 가상체험을 한다. 스스로 거부하고 배제하려고 해도 잘 되지 않는다. 이 외상성 기억이 반복되어 의식 속으로 집요하게 '침습'하기에 일상생활은 혼란스러워지고 가족이나 친한 친구 사이에서도 만족스러운 마음의 교류나 소통을 하지 못한다.

세 번째는 '회피avoidance'라는 현상이다. 우리는 불쾌감을 불러일으키고 위협으로 가득 찬 두려운 것은 절대로 보고 싶어 하지 않는다. 따라서 보고 싶지 않은 것을 보지 않기 위해 무의식적으로 자신의 흥미나 관심을 더 적은 범위로 제한하려고 한다. 그리고 극단적인 경우에는 자신이나 가족생활에 대한 관심, 지금까지 에너지의 대부분을 할애하던 업무나 취미에 대한 열정을 완전히 상실하기도 한다. 재해나 사고에서 자신이 겪은 위기 상황을 다시 불러일으킬 만한 장면에 직면하고 싶지 않은 심리가 이 회피 증상을 불러온다.

베트남 전쟁이 끝난 후 미국 본토로 귀환한 병사들 중에서 PTSD 증상으로 고통받은 사람들이 매우 많았고, 그것이 사회적으로 문제가 되어 전문가들의 관심을 모으게 되었다. PTSD 연구나 치료의 필요성을 인식하게 된 것은 최근 30년 정도다. 미국의 정신의학회가 정리한 『정신장애의 진단 및 통계 편람 제4판』•은 정신과 의사나 임상심리 전문가가

• *DSM-Ⅳ*Diagnostic and Statistical Manual of Mental Disorders-4th edition, 미국 정신의학회American Psychiatric Association: APA에서 공식적으로 사용하는 정신장애 진단 분류 체계를 서술한 책.

환자나 내담자의 진단이나 심리상태를 파악하기 위해 자주 이용하는, 말하자면 그들의 바이블이다. PTSD에 대한 설명을 읽어보면, 마음에 외상을 입은 사람들은 그 원인이 된 경험을 기억해낼 만한 상념, 감정, 대화, 행동, 상황, 사람과 물건 등을 의도적으로 피하게 된다. 또한 '어떤 경험'을 생각하거나 느끼거나 그것이 마음에 동요를 일으킬 수 없도록 자신의 마음을 마비상태로 놓아둔다. 텔레비전을 봐도 즐겁지 않고 업무나 친구와의 관계도 흥미롭지 않다. 가족한테도 친근감이나 다정함을 느끼지 못하게 된다. 그리고 인간에 대해서도 주위환경에 대해서도 무관심하고 냉담해진다. 이것은 무의식적으로 자신의 마음을 그렇게 만들기 때문이다. 본래는 자신을 지키기 위한 방법이던 것이 오히려 자신을 상처 입히고 만다.

침습하는 기억을 막고 정신적인 혼란을 방지하기 위해 자기방어적인 마음이 움직인 결과 반복 침습하는 '그때의 기억'을 배제하려고 한다. 그리고 '그것'에 조금이라도 관계 있을 것 같은 모든 상황에 마음을 닫는다. 그러나 보지도 듣지도 떠올리지도 않으려 해도 이미 세 번이나 설명한 것처럼 이 과잉방어는 마음의 상처를 치유하는 대신 오히려 상처를 긁어 자연치유력을 방해하게끔 움직인다.

PTSD는 최근에는 기억장애 면에서도 연구되고 있다. 이로써 이 장애를 가진 사람은 단순히 마음의 기능이 손상된 것만이 아니라 뇌에도 기질적인 변형이 일어난다는 사실이 알려졌다. 다시 말하면, 소프트웨어가 잘 작동하지 않게 되는 것뿐만 아니라 하드웨어도 손상을 입는다는 것이다. 대뇌변연계 안에 단기기억을 보유하고 재생해 단기기억을 장기기억으로 변환하는 것을 돕거나 시간 및 공간의 인지를 조정하는 해마海馬라는 부분이 있다. 중증의 PTSD 환자는 이 해마가 위축되어 있는 경우가 있다. 그리고 PTSD에서 회복이 진행되어감에 따라 해마의 위축도 회복되어간다. 해마의 이름은 그리스 신화의 최고 신인 제우스의 형제이자 바다의 신인 포세이돈이 타던 해마 '히포캄푸스Hippocampus'에서 유래했다. 이 기관의 형태가 히포캄푸스의 꼬리 모양과 비슷해서 해마라고 불리게 된 것이다. PTSD와 뇌 속 해마에 일어난 기질적 변형의 연관성은 정신적 외상이 뇌에 변화를 일으킨다는 마음과 생리 사이의 긴밀한 관계를 실증하고 있다. 심신일체론의 입장에서 봐도 흥미롭다.

전투를 경험한 군인, 지진이나 화산의 분화를 겪은 이재민, 강간이나 학대 희생자를 포함한 많은 사람들의 경우, 앞서 소개한 『정신장애의 진단 및 통계 편람 제4판』의 정리에 따르면 최소의 경우 3퍼센트, 최대의 경우 58퍼센트의 사람들이 PTSD 증상을 보인다고 한다. 예를 들어 한신 대지진의 경우에는 많은 수의 자살자와 고독사孤獨死가 있었다. PTSD가 지금도 여전히 피해자의 마음을 고통스럽게 침식하고 있는 것이다.

나는 한신 대지진이 일어난 지 1년 8개월이 지난 1996년 9월에 당시 고베 시 최대 규모의 가설주택이었던 세이신西神 제7가설주택과 그 근처에 있는 세이신 제1가설주택에서 572명의 이재민을 대상으로 PTSD에 대한 앙케트 조사(조사대상자 1,000명, 회수율 57.2%)를 실시했다. 그리고

약 2년 후인 1998년 7월 가설주택은 빈집들이 두드러졌고 이미 전체의 3분의 2 이상의 사람들이 정착할 수 있는 땅을 찾아서 가설주택을 등지고 떠났다. 남아 있는 이재민 194명에 대해 지난번과 같은 내용의 앙케트 조사를 실시했다(조사대상자 350명, 회수율 55.4%). 그 후 시간이 더 경과하면서 가설주택도 철거되었고 이재민들을 위한 정착용 고층단지가 고베 시 해안가를 중심으로 정비되었다. 2회째의 조사로부터 약 1년 후인 1999년 8월, 고베 제강소의 부지였던 이와야 공장 터에 건설된 고층단지 'HAT 고베 나다노하마灘の浜'● 에 입주한 이재민은 403명이었다. 그때까지 이미 2회에 걸쳐 실시했던 동일한 앙케트 조사(조사대상자 812명, 회수율 49.6%)를 또 실시했다. 이 단지에는 이재민이 아닌 입주자도 있었지만 한신 대지진 이재민들에 한해서는 낮은 월세로 입주할 수 있는 '영구주택'인 셈이었다. 대부분 고령으로 혼자 사는 노인이 많았고 하루 종일 다른 사람과 전혀 교류하지 않고 방에 틀어박혀 있는 경우도 드물지 않았다. 재해와 노령화의 영향이 이들을 무겁게 짓누르고 있는 것처럼 보였다.

[그림4]는 PTSD를 판정하는 각 항목에 해당하는 이재민이 어느 정도 있는지 그 비율을 나타내고 있다. 이미 서술한 대로 세 번의 조사 응답자가 모두 같은 사람들은 아니다. 그러나 시간이 지나면 지날수록 더 심각한 피해를 입고 사회적으로도 입장이 더 나빠진 사람들만 남은 탓

● HAT 고베는 고베 시 동부 신도심으로 개발된 지역이다. HAT는 Happy Active Town의 약자로 공모에 의해 선정된 이름이다. 나다노하마와 와키노하마脇の浜 두 구역으로 구성되어 있다.

그림4 한신 대지진 이재민 PTSD 조사 결과(1996, 1998, 1999년)

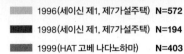

1996(세이신 제1, 제7가설주택) N=572
1998(세이신 제1, 제7가설주택) N=194
1999(HAT 고베 나다노하마) N=403

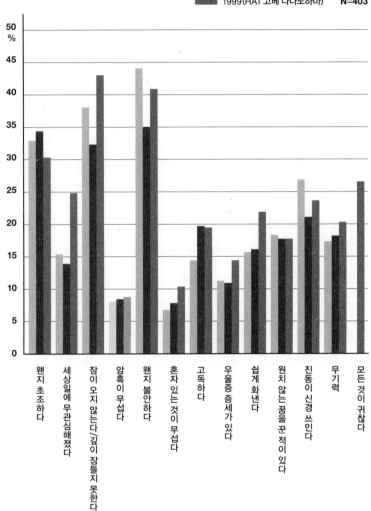

에 재해로부터 시간이 경과했어도 PTSD에서 회복하는 힘이 약해졌을지도 모른다.

이 그림을 보고 놀란 것은 '왠지 불안하다'라는 형태의 막연한 불안을 느끼는 사람들과 '잠이 오지 않는다, 깊이 잠들지 못한다'처럼 불면을 호소하는 사람들이 많다는 것이다. 그리고 지진이 일어난 후 시간이 꽤 경과했음에도 변함없이 '진동이 신경 쓰인다'는 사람들이 20퍼센트를 넘는다. '왠지 초조하다'는 사람들도 30퍼센트를 넘는다. 더구나 스스로가 '무기력'하다고 느끼는 사람들과 스스로를 '쉽게 화낸다'라고 느끼는 사람들, 그리고 '혼자 있는 것이 무섭다'고 하는 사람들이 조사 회차가 진행될수록 증가했다. 이것은 모두 PTSD 증상이다.

이재민의 '영구주택'인 'HAT 고베 나다노하마' 고층단지의 인기척 없는 광장 벤치에 앉아 있는 외로운 노인들의 모습을 보면 그들이 재해로 인해 틀림없이 매우 귀중한 무언가를 잃어버렸다는 생각이 든다. 그러나 이것은 재해의 한 모습일 뿐이다. 이러한 피해자 한 사람 한 사람에게 재해의 끝이란 없다.

방재의 딜레마

방재의 첫 번째 딜레마는 재해가 언제 어디에서 어떤 식으로 닥쳐올지 모른다는 것, 다시 말해 재해를 완전하게 예지·예측할 수 없다는 것에서 시작된다. 정확하게 짚어 공격할 수가 없는 것이다. '한밤중의 총성'

은 아니지만, 어디를 향해 언제 쏘면 될지 알 수 없는 탓에 재해 대비는 이중 안전장치를 고려해 과한 투자를 해야 한다. 두 번째 딜레마는 첫 번째와 관련된 것으로 방재 투자의 효과를 가시적인 형태로 파악할 수 없다는 것이다. 재해에 사전 대응한 경우 그것을 하지 않았다면 어떻게 되었을지는 알 수 없다. 단순한 추측의 영역을 벗어나지 못하는 것이다. 실험을 하는 경우처럼 다른 조건은 일정하게 두고 어떤 방재행동을 행한 그룹과 하지 않은 그룹의 결과를 비교할 수 있는 것도 아니다.

이처럼 방재가 안고 있는 딜레마에도 불구하고 우리는 방재에 노력을 기울여야 한다. 방재의 목적은 재해를 없애는 것이 아니다. 그것은 인간의 지혜로는 불가능한 것으로 우리 능력 밖의 일이다. 재해 피해를 경감시키고, 인명 손실을 줄이며, 재해와 잘 타협해나가는 것이 방재의 가장 중요한 목적이다. 만약 우리가 방재 비용에 인색하게 군다면 재해와 잘 사귀어나갈 수 없기 때문에 재해에 압도당하게 된다. 살아남기 위해 재해를 알고, 허를 찔리는 실패를 하지 않는 것이 중요하다. 우선 상대를 아는 것부터 시작하자.

1) 끊임없이 진화하는 재해

고비용화와 복합화는 현대 재해의 2대 특징이다. 첫 번째는 고비용화인데, 재해로 인해 파괴된 주민생활의 재건, 다양한 시설의 복구, 환경 복원 등을 위한 비용이 세계적으로 해마다 점점 증가하고 있다. 주요 선진국의 ODA(공적개발원조) 테두리 내에서 개발도상국의 재해 구호를 위해 갹출하는 기금이 부쩍 늘고 있다. 이것은 중요한 의미를 지니며, 현대를 상징하는 한 측면이다. 또한 개발도상국에서도 피해자의 요구가 다양해져 구호와 인도적인 지원 비용이 늘고 있음을 의미한다. 더구나 여러 선진국의 피해자는 이전의 피해자처럼 금욕적이지 않고 생활상 필요한 지원을 충분히 요구할 권리가 있다고 느끼고 있다. 따라서 의료 서비스나 식료품 배급에서도, 피해자용 가설주택이나 텐트의 시설 운영에서도 피해자의 늘어나는 요구를 충족시키기 위해 국가는 막대한 자원을 투입해야 한다.

스위스 제네바에 본부를 둔 '국제 적십자사·적신월사 연맹International Federation of Red Cross and Red Crescent Societies: IFRC'이 공표한 「세계 재해 보고 2002」에 따르면, 1970년대와 1990년대의 세계 재해를 비교하면 자연재해에 의한 사망은 60퍼센트 감소해 20년 전의 40퍼센트까지 낮아졌지만 반대로 피해자 전체 수는 20년간 세 배로 늘었고 경제적 손실은 다섯 배로 증가했다고 한다. 이 보고서에서 지적하는 것은 재해가 세계적으로 고비용화되어가고 있고 현대 재해가 복합화되어가고 있다는 점이다.

재해의 복합화란 재해가 자연에 의해 초래된 재해인이 유일한 원인으로 발생하는 것이 아니라 인위적인 요인과 복잡하게 얽힌 결과로 탄생한다는 것을 말한다. 현대의 재해는 자연과 인위가 중층적으로 상호 연관되어 일어난다. 또한 이것이 영향을 끼치는 곳도 매우 광범위하고 다양한 지역에 걸쳐 있으므로 피해자 수는 그에 따라 증가한다. 영향력이 넓어지는 것은 흡사 호수 위에 작은 돌을 던졌을 때 파문이 점점 약해지면서 동심원으로 확산되어가는 모양과 비슷하다.

재해의 복합화는 정도의 차는 있겠지만 선진국에서도 개발도상국에서도 공통적으로 나타난다. 실제로는 어떤 형태로 나타나는 걸까. 몇 가지 실례를 들어보자. 1999년 터키를 강타한 두 개의 지진이 있었다. 그해 터키는 8월에 이즈미트^{Izmit} 지진(매그니튜드 7.4, 사망자 1만 7,262명. 이 희생자 수는 터키 정부의 공식 발표지만 최종적으로는 3만 명이 넘는 것으로 추정된다. 『제트로 센서$^{JETRO\ Sensor}$』●, 2000년 2월호)이, 11월에는 두즈체^{Duzce} 지진(매그니튜드 7.2, 사망자 818명)이 연이어 일어났다. 피해지는 두 곳 모두 도시 지역이었으나 이즈미트 지진에서는 지진의 규모에 비해 매우 큰 인적 피해가 발생했다.

1995년의 한신 대지진은 매그니튜드 7.2로 희생자는 지진과 관련사를 포함해 6천4백 명 정도였다. 1999년의 대만 지진은 매그니튜드 7.6으로 타이베이 시의 빌딩도 붕괴되었으나 희생자는 약 2천5백 명이었다. 이것은 모두 직하형^{直下型} 지진◆으로 동일했는데, 이즈미트 지진의 희생자 수는 굉장히 두드러진다. 이즈미트 지진에서는 왜 이처럼 많은 희생자가 나온 것일까. 도시화의 물결을 인프라의 정비가 따라가지 못했기에 내진성을 무시하고 급조된 주택들이나 도시의 난개발이 주요 원인이

● 일본무역진흥회^{JETRO}가 발간하는 국제 비즈니스 정보지.

◆ 육지 또는 근해의 얕은 지하에 진원을 두고 발생하는 지진으로, 내륙형 지진이라고도 한다. 반면에 진원이 해저에 있는 경우는 해양형 지진이라고 한다. 일반 지진은 단층이 좌우·수평으로 움직이면서 일어나는 데 비해 직하형 지진은 단층이 아래위로 움직이면서 상하진동이 심하기 때문에 건물이 받는 충격이 엄청나게 크다. 또한 진원이 얕아서 규모가 작아도 국지적으로는 큰 피해를 준다.

었음에 틀림없다. 지진의 위험을 무시하고 지진에 취약한 도시를 만들었기 때문에 죽지 않을 수 있었던 사람들이 희생된 것이다. 터키 정부에 따르면, 이즈미트 지진의 피해지는 총인구의 22퍼센트가 살고 있는 곳으로 GDP(국내총생산)의 35퍼센트를 차지하고 있었다고 한다. 터키는 이 지진으로 인해 GDP의 10퍼센트를 잃었다.

　태풍 시즌에 중국 북부나 타이 산맥부에서 일어나는 홍수는 마구잡이식 산림 벌채가 주범이다. 또한 중부 유럽의 여름과 겨울의 대홍수는 모두 지구온난화가 주요 원인으로 의심되고 있다. 지구온난화가 여름에 대서양 및 지중해에서 맹렬한 사이클론을 발생시킨다. 그리고 사이클론이 일으키는 폭우에 의해 홍수가 일어난다. 한편 혹한기여야 하는 겨울이 따뜻한 탓에 산맥지대의 눈이 녹고, 원래는 눈이 내려야 할 겨울에 폭우가 쏟아지는 것이 대홍수의 원인이 된다. 더불어 해안에 제방을 단단히 쌓아 범람원이 홍수 시의 저수 기능을 잃게 된 것 등 여러 가지 인위적인 원인이 겹쳐 대형 재해가 일어나고 있다.

　독일의 기상학자 알프레트 벡커Alfred Becker 팀의 보고에 따르면, 2002년 8월의 대홍수로 독일 드레스덴 지방은 13세기 이래 최대 수위까지 달했다고 한다. 『타임』(1994년 1월 10일)이나 『뉴욕 타임스』(1995년 1월 31일, 1995년 2월 1일), 『워싱턴 포스트』(1995년 2월 3일) 등이 전하는 기사에 따르면, 1993년부터 다음 해 1월에 걸쳐 18세기 이래 최대 규모의 홍수가 벨기에를 덮쳤다. 그리고 불과 13개월 후인 1995년 1월부터 2월 초에 걸쳐서 더욱 큰 규모의 홍수가 쾰른, 본, 프랑크푸르트, 코블렌츠 등의 여러 도시를 다시 강타했다.

한편 1999년에 베네수엘라를 강타한 진흙 사태와 이류泥流[•] 재해에서
는 3만 명 이상이 사망했는데, 이 재해에서 베네수엘라는 GDP의 10퍼
센트를 잃었다. 진흙 사태가 일어날 수 있는 위험지대에 반세기 사이에
열 배 이상의 사람들이 살게 되면서 무질서하게 진행된 도시화가 대형
재해의 주요 원인이었다.

자연의 균형조차 바꿔버리는 거대한 인간사회, 자연재해의 위험을 무
시한 난개발, 그리고 자연재해의 위험지역에 무질서하게 거주하는 사람
들이 복잡하고 미묘하게 얽혀 오늘날의 대형 재해를 만들어내고 있다.

2) 비용편익을 생각하면 방재는 할 수 없다

비용 투하 효율만으로 방재행동의 가부를 결정해서는 안 된다. 방재
는 단순히 투하되는 비용에 부응하는 효과를 즉시 불러오지 않기 때문
이다. 그런 의미에서 외관만 볼 때는 그다지 적합하지 않은 투자라고 말
할 수도 있을 것이다. 따라서 경제 사정이 어려운 나라나 사회에서는 방
재에 유효한 자원을 충분히 투하할 여유가 없다. 사전에 충분한 자금을
투하할 수 있는 곳은 재원이 풍부한 소위 여러 선진국에 한정된다.

'방재'는 재해를 방지한다는 의미지만, 현실적으로 문자 그대로 재해
를 방지한다는 것은 사실상 어렵다. 방재로 재해 희생자 수를 0으로 만

[•] 산사태나 화산 폭발 때 산허리를 따라 격렬하게 이동하는 진흙의 흐름.

드는 것은 가능하지 않다는 말이다. 많은 선진국에서 아무리 방재에 노력을 쏟는다 하더라도, 피해를 경감시키는 것은 가능할지 몰라도 완전히 없애는 것은 불가능하다. 한신 대지진을 예지하는 것은 불가능했고 가까운 미래에 이런 종류의 직하형 지진을 예지할 수 있다는 기대도 가질 수 없다. 현실에서 가능한 것은 주택, 교통기관, 빌딩이나 도로, 다리 등의 구조물, 라이프라인 등의 내진성을 높이는 일일 것이다. 이처럼 지진에 대한 도시나 주민의 취약성을 개선하는 것은 부차적인 효과로서 더욱 튼튼한 생활환경을 만드는 데도 공헌할 수 있다.

　현실에서는 한신 지역처럼 지진의 위험이 그다지 문제되지 않던 지역에서 대형 재해가 발생한다. 지진 열도인 일본은 어디에서든 지진의 위험이 있는 것이 현실이다. 하지만 그 이유만으로 일본 국내 모든 도시의 내진성을 높이는 방재 대책에 나라의 재원을 투하할 수 있는 여유가 있을까. 현 상태로는 이 나라에 그만큼 막대한 자원을 투자할 여유가 있을 거라고는 생각되지 않는다. 또한 만일 그러한 방재 대책을 실행하더라도 어느 정도의 경감효과가 있을지 솔직히 불명확하다. 거기에 방재의 딜레마가 있다.

　한신 대지진이 가져온 피해 총액은 9조 6천억 엔에 달한다. 이것은 일본 GDP의 2퍼센트에 해당한다. 가정이긴 하지만 만약 한신 지역에 사전 지진 대책이 실시되었더라도 그 대책이 철저하지 않았다면 이 어마어마한 피해액을 눈에 띄게 줄이지는 못했을지 모른다. 이것이 비용편익을 생각하는 사고방식이다.

한신 대지진이 일어나기 정확히 일 년 전 로스앤젤레스에서 직하형 지진이 발생했다. 매그니튜드 6.6이었던 이 노스리지Northridge 지진에서는 57명이 사망했고 약 1만 2천 명이 중경상을 입었으며 고속도로는 곳곳이 끊겼다. 그리고 백 군데 이상에서 화재가 발생했다. 미국은 이 재해로 피해 총액 200억 달러라는 미국 역사상 최대의 손실을 입었다. 한신 대지진 피해 총액의 4분의 1이었다. 그때 일본의 방재 담당자는 일본에는 이처럼 고속도로의 교각이 떨어지거나 빌딩이 붕괴되는 일은 없을 것이라며 자신 있게 말했다. 하지만 뜻밖에도 그것이 근거 없는 자신감이었다는 것이 일 년 후에 실증되었다. 방재라는 것은 보이지 않는 적을 상대해야 하는 전투처럼 항상 불확실성을 내포한 행위다. 방재는 투자 효과가 눈에 보이지 않는 투자인 것이다.

기상위성의 정보로 재해 발생이 상당히 정확하게 예지 가능하게 된 기상재해에서는 경보 발령과 사전 피난이 신속하게 이루어지는 덕분에 인명 손실을 대폭 줄일 수 있게 되었다. 그러나 여기에서도 재해의 고비용화 현상이 나타난다. 1989년 9월에 미국 플로리다와 남부의 여러 주를 강타한 초대형 허리케인 '휴고'는 최근 50년 내에 가장 규모가 큰 허리케인이라고 불렸지만 그 기록은 3년 후에 깨졌다. 초대형 허리케인 '앤드류'가 초래한 피해 총액은 앞에서 서술한 노스리지 지진에 이어 미국 재해 사상 두 번째에 오를 만큼 기록적인 것이었다. 세계적으로 재해 피해의 고액화 현상이 진행되고 있다. 다시 반복해서 말하자면, 방재 대책으로 피해액을 어느 정도까지 줄일 수 있는지는 실제로 알 수 없다.

그럼에도 불구하고 방재 대책은 무엇과도 바꿀 수 없는 생명의 손실을 줄이기 위해 절대로 피해갈 수 없는 부분이다. 피하면 된다는 소극적인 자세가 아니라 오히려 적극적인 자세로 추진해야 한다. 위험관리의 새로운 발상이 필요한 것이다.

방재 대책을 두고 비용편익적으로 사고하는 것은 설득력이 있어 보이지만 우리는 이러한 관점을 바꿔야 한다. 방재의 목적은 피해 총액을 감소시키는 것이 아니라 인명 손실을 줄이는 것이다. 만약 비용편익의 원칙을 추구한다면 인명의 가치를 더욱 크게 평가할 필요가 있다. 일례로 미국의 과학 전문지 『사이언스』의 2003년 3월 21일자에 따르면, 미국의 부시 정권에서 대기오염물질 배출삭감계획을 담당한 환경보호청은 이 배출 규제를 실시하면 2020년까지 매년 1만 2천 명의 사망자와 수천 명의 기관지염 환자의 발생을 줄일 수 있다고 했다. 환경보호청은 이 규제를 위해 드는 비용이 65억 달러인 것에 비해 사람들이 얻을 수 있는 전체적인 건강 이득은 최대 930억 달러, 최소 110억 달러라고 했다. 이 배출삭감계획이 충분히 수지가 맞다고 판단한 것이다. 이 같은 계산이 나온 것은 환경보호청이 한 사람의 생명을 구하고 한 사람의 기관지염 환자를 줄이는 것이 막대한 금전적 가치가 있다고 인정했음을 의미한다.

또한 『사이언스』의 이전 호의 기사에 따르면, 미국 운수성이 실행한 어린이 시트 관련 규제에서는 어린이 한 명의 생명을 구하기 위해 150만 달러에서 490만 달러, 환경보호청의 질소산화물의 대기배출 규제에서는 한 명의 생명을 구하기 위해 370만 달러에서 830만 달러, 노동안전위

생국이 실행한 하이테크 부품 세정제 디클로로메탄의 배출 규제에서는
한 사람의 생명을 구하기 위해 1,270만 달러라는 기이하다고 할 수 있는
고액의 비용을 제각각 전망했다. 여기에서 계산된 한 사람의 생명 가치
는 생명보험이나 사고 시에 지불되는 보험 금액과 비교해도 매우 높게
평가되었다.

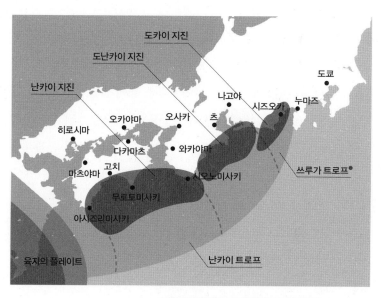

■ 중앙방재회의 '도카이 지진에 관한 전문조사회'(2001년 12월 11일),
'도난카이·난카이 지진 등에 관한 전문조사회'(2003년 4월 17일)에 의해 작성.

● 트로프trough: 대륙 사면과 대양저 경계 부근에 있는 좁고 긴 도랑 모양의 해저 지형이다.

그림5 도카이 지진, 도난카이 지진, 난카이 지진의 진원역

3) 자연재해와 잘 사귀기

일본은 물론 세계 어느 곳이나 큰 피해를 초래하는 자연재해는 지진 재해이다. 따라서 방재라는 관점에서 우선적으로 살펴야 할 것은 지진에 어떻게 대처하는가이다. [그림5]에서 알 수 있듯이 일본이 긴급하게 직면하고 있는 대형 지진은 도카이 지진만이 아니다. 지진방재대책특별조치법에 근거해 설치된 지진조사연구추진본부의 지진조사위원회는 2001년 9월에 앞으로 30년 동안 도난카이 지진(매그니튜드 8.1)이 일어날 확률은 50퍼센트, 난카이 지진(매그니튜드 8.4)이 일어날 확률은 40퍼센트 정도이며, 두 지진이 동시에 발생할 가능성도 높아서 그 경우에는 매그니튜드 8.5 전후의 엄청난 규모의 대형 지진을 예상하고 있다. 2003년 4월, 중앙방재회의의 '도난카이·난카이 지진 등에 관한 전문조사회'는 이 두 지진이 동시에 발생한다면 최악의 경우 사망자는 2만 천8백 명, 경제적 손실은 56조 엔을 넘을 가능성이 있다고 지적하고 있다. 게다가 2003년 9월 이 전문조사회의 보고서에서는 도카이, 도난카이, 난카이 세 개의 대형 지진이 동시에 발생할 가능성도 지적하고 있다. 그 경우에 예상되는 매그니튜드는 8.7, 최악의 조건에서 재해가 일어났을 시 사망자는 2만 8천 명, 경제적 손실은 81조 엔을 넘는다고 한다. 그렇게 되면 일본 사회는 치유할 수 없는 상처를 입게 될 것이다.

이러한 엄청난 규모의 재해에 대응할 수 있는 별다른 방법은 없어 보인다. 그러나 중앙방재회의의 '도난카이·난카이 지진 등에 관한 전문조사회'는 1980년 이전에 지어진 주택을 1981년에 시행된 소위 신新내진기준에 충족되도록 개축, 보강한다면 건물 붕괴에 의한 예상 압사자 수를 5분의 1 정도까지 경감시킬 수 있을 것이라고 했다. 또한 중앙방재회의의 '도카이 지진에 관한 전문조사회'는 도카이 지진에도 '신내진기준'이 충족된다면 주택 붕괴에 의한 사망자를 4분의 1 정도까지 감소시킬 수 있을 것으로 보고 있다.

한신 대지진에서 붕괴된 주택의 대다수가 '신내진기준' 적용 이전의 주택이었다는 것을 생각하면 지진 방재 대책에서 첫 번째로 중요한 점이 주택의 내진성 확보라는 것을 알 수 있다. 현재 일본의 경제는 난국에 직면해 있고 재원도 결코 풍족하지 않다. 그러나 주택 내진 진단과 내진 보강은 꼭 실시해야만 한다. 경영 여건이 어려운 주택건설 산업의 활성화로 이어지는 이익도 얻을 수 있다.

도카이, 도난카이, 난카이 지진처럼 해저형의 대형 지진의 경우에는 거대 쓰나미에 의한 피해가 매우 크다. 이 중앙방재회의 보고서는 주민이 즉시 피난행동을 하면 쓰나미에 의한 사망자를 적어도 2분의 1 정도까지 줄일 수 있다고 한다. 국가나 도도부현道都府県이 재해 정보의 연락망을 정비하고, 피난로를 확보하면 가장 낮은 비용으로, 하지만 가장 유효한 방재 대책을 세울 수 있다는 것이다.

[표1]은 쓰나미에 의한 사망자 추정치를 나타내고 있다. 이 표에서는 우선 지진 발생의 패턴을 세 개의 지진이 각각 단독으로 발생한 경우, 근접한 지진이 함께 연동해 발생한 경우, 세 개의 지진이 동시에 발생한 경우 등 모두 여섯 개의 경우로 나눴다. 그리고 각각의 발생 시각을 이른

표1 · 도카이 지진, 도난카이 지진, 난카이 지진의 쓰나미에 의한 사망자 수(추정치)

지진	피난율	지진 발생 시각			발생 시각 5시의 경우, 수문 폐쇄 불가 등으로 생기는 사망자 증가분
		5시	12시	18시	
도카이 지진	高(피난율 71%) 홋카이도 난세이오키 지진 때 오쿠시리 섬 주민의 피난율	400명	200명	200명	300명
	低(피난율 20%) 동해 중부 지진의 주민 피난율	1,400명	600명	700명	900명
도난카이 지진	高(피난율 71%)	500명	300명	300명	600명
	低(피난율 20%)	1,500명	600명	800명	1,400명
난카이 지진	高	2,600명	1,800명	1,900명	600명
	低	7,100명	3,400명	4,100명	1,600명
도카이 지진, 도난카이 지진 동시 발생	高	700명	400명	400명	800명
	低	1,900명	900명	1,000명	1,800명
도난카이 지진, 난카이 지진 동시 발생	高	3,300명	2,200명	2,300명	1,400명
	低	8,600명	4,100명	5,000명	3,200명
도카이 지진, 도난카이 지진, 난카이 지진 동시 발생	高	3,500명	2,300명	2,400명	1,500명
	低	9,100명	4,300명	5,300명	3,600명

■ 중앙방재회의 '도난카이·난카이 지진 등에 관한 전문조사회'(제14회, 2003년 9월 17일)에서 작성.

아침인 오전 5시(한신 대지진은 오전 5시 46분에 일어났다), 관동 대지진의 발생 시각과 거의 같은 정오 12시, 저녁 준비 시간으로 불을 사용하는 가정이 많은 오후 6시, 이렇게 세 가지로 나누어 전체적으로 18개의 시나리오를 만들었다. 이 각각의 시나리오에서 피난율이 높은 경우와 낮은 경우의 사망자 수를 추계했다. 이 표에서 읽어야 하는 것은 현실적으로 어떤 형태의 지진이 일어날지는 그 누구도 예측할 수 없지만 쓰나미에 한해서는 피난율을 높일 수 있다는 것이다.

문제는 쓰나미 위험지역에 사는 사람들이 그 위험에 어느 정도 민감한지에 달려 있다. 도카이, 도난카이, 난카이 세 개의 지진 예상 위험지역은 일본 경제의 대동맥일 뿐만 아니라 인구밀도가 가장 높은 지대이다. 한편으로 가까운 미래에 닥쳐올 대형 지진의 발생은 어떻게 해도 피할 수 없다. 곧 지진이 발생할 것을 알면서도 피할 수 없다는 딜레마에 직면해 있는 것이다. 재해 위험을 낮출 수 있는 최후의 수단이 주택 내진성 보강과 쓰나미를 피하기 위한 신속한 피난행동이라는 것은 아무래도 너무 소박하게 느껴진다. 하지만 이것은 과학적 견지에서도 현재 이용 가능한 가장 확실한 감재 방법이다. 비용편익이라는 원칙에 집착하지 말고 가능한 것을 하나둘 쌓아 지진 방재를 시작으로 여러 방재와 감재를 위한 노력을 기울여야 한다.

대형 재해는 직접적인 피해를 불러오는 것에 그치지 않으며, 오랜 기간에 걸쳐 사회적, 경제적, 심리적으로 악영향을 끼친다. 재해의 직간접적인 피해는 반드시 최소한에서 멈춰야 한다. 그러기 위해서 우선 우리는 재해에 대해 두려움을 가져야 한다. 가볍게 보아서는 안 된다. 또한 재해를 이기려는 불손한 생각을 해서도 결코 안 된다. 재해는 자연 그 자체이며 우리는 자연의 일부에 지나지 않는다. 재해와 잘 사귀는 것, 이것이 우리에게 가장 중요한 테마이다.

2

재해 피해를
좌우하는 것

피난행동의 중요성

1) 생사를 가른다

피난행동이란 위험에서 물리적으로 멀어진다는 뜻이다. 이것은 재해를 피하기 위해 아주 먼 옛날부터 있어온 소박하지만 무척 유효한 방재행동이다. 도망쳐야 할 때 도망치고, 피해야 할 때 피하는 것이 자신의 안전을 확실히 할 수 있는 최상의 방책이다.

이 사고방식은 자연재해뿐만 아니라 모든 재해에 통용되는 원칙이다. 앞서 나온 [표1]은 모두 가까운 미래에 예상되는 도카이 지진, 도난카이 지진, 난카이 지진으로 인한 쓰나미 사망자 수에 대한 추정치다. 이른 아침 5시에 지진이 발생할 경우 잠결에 당하므로 세 지진 모두에서 사망자가 가장 많고, 정오와 오후 6시에는 사망자 수에 별 차이가 없다. 문제는 지진이 일어난 후 쓰나미가 오기까지 얼마나 많은 사람이 고지대나 견고한 방재 거점으로 피난하는지에 있다. 1장에서 서술한 것처럼 쓰나미 재해의 경우에는 될 수 있는 대로 신속히 쓰나미가 도착하는 범위 밖으로 피난하는 것이 생사를 가른다. 쓰나미가 강타하기 전에 피난하는 사람이 많으면 희생자는 줄어들고 피난하는 사람이 적으면 희생자는 많아진다.

피난율이 각기 다른 두 가지 경우를 살펴보자. 1장에서도 언급했지만 1993년 7월 12일 오후 10시 17분에 홋카이도 난세이오키 지진(매그니튜드 7.8)이 발생했다. 이 지진이 초래한 가장 큰 피해는 쓰나미에 의한 것으로 최대 피해지는 홋카이도의 오쿠시리 섬이었다. 불행 중 다행으로 이때 쓰나미를 목전에 두고 피난한 비율은 71퍼센트로 매우 높았다. 그 덕분에 인명 피해를 최소화할 수 있었다.

이 홋카이도 난세이오키 지진은 오쿠시리 섬의 호쿠세이오키北西沖에서 발생했다. 그리고 지진 발생 몇 분 후 대형 쓰나미가 오쿠시리 섬을 강타했다. 쓰나미 경보를 발령할 시간적인 여유도 없었던 것이다. 쓰나미의 높이는 표고標高 29미터부터 30미터로 산중턱까지 덮쳤다. 사망자와 실종자는 198명으로 섬 주민 스무 명 중 한 명꼴로 희생을 당한 대참사였다. 하지만 섬 주민의 대부분은 10년 전인 1983년에 일어난 동해* 중부 지진 때의 쓰나미 경험을 선명하게 기억하고 있었기에 큰 규모의 지진이 발생하자 재빨리 고지대로 피난했다. 이 피난행동 덕분에 피해가 최소한으로 그쳤는데 만약 재빨리 피난하지 않았다면 더 많은 희생자가 나왔을 것이다. 피난한 사람의 비율이 71퍼센트라는 것은 매우 높다고 할 수 있다.

하지만 쓰나미 경험이 없는 지역을 쓰나미가 강타할 경우에는 크나큰 비극을 맞이한다. 지진 직후에 쓰나미 위험이 있으리라는 것을 연결지어 생각하지 못하는 사람은 피난하려고 하지 않는다. 그러한 아픈 사

● 이 책에서 일본해는 모두 동해로 표기하며, 일본에서 동해東海로 표기하는 곳은 일본어 발음대로 도카이로 표기했다.

건이 앞서 서술한 1983년 5월 26일 정오에 발생한 동해 중부 지진에 의해 일어났다.

동해 중부 지진은 아키타오키^{秋田沖}의 160킬로미터 해저에서 일어난 매그니튜드 7.7의 지진으로 지금까지 쓰나미 경험이 적었던 동해 해안을 강타해 아키타^{秋田}와 아오모리^{青森}에서 매우 큰 인적 피해를 냈다. 재해를 정확히 파악하지 못하는 것은 실로 무서운 일이다. 이 지진이 왔을 때는 방재 담당 측에서도 쓰나미 위험에 대한 인식이 없었다. 일례를 들면 아키타 현의 소방방재과는 아키타 지방 기상대로부터 사전에 쓰나미 경보발령의 긴급연락을 받았으면서도 시정촌^{市町村}에 통보를 소홀히 하고 현^縣 소속의 소방본부나 소방서에도 전달하지 않았다. 그로 인해 쓰나미 경보발령을 내렸을 때는 이미 한 발 늦었다. 피난할 시간적 여유가 없었던 것이다.

피해자들도 제대로 된 판단을 하지 못한 탓에 순식간에 허를 찔렸다. 쓰나미 상습 지역인 이와테^{岩手} 현 등의 태평양 해안지역에 사는 사람들이라면 분명히 쓰나미 위험을 떠올렸을 것이다. 하지만 쓰나미의 경험도 지식도 빈약한 아키타와 아오모리 해안의 주민들은 솔직히 거기까지 생각하지 못했을 것이다. 전체 피난율이 20퍼센트라는 것은 아무래도 너무 저조하다. 이로써 많은 사람들이 쓰나미에 희생당했다. 소풍을 간 초등학생이나 낚시를 하던 사람들, 항구에서 호안공사를 하던 작업원 등 1백 명이 갑자기 덮쳐온 쓰나미에 희생당했다.

앞서 소개한 [표1]을 다시 한 번 보자. 도카이 지진, 도난카이 지진,

난카이 지진에 의한 쓰나미 사망자 수가 피난율에 따라 매우 크게 달라지는 것을 알 수 있다. 홋카이도 난세이오키 지진 때의 오쿠시리 섬의 피난율의 경우와 동해 중부 지진 때의 피난율의 경우, 사망자 수가 1.9배에서 3.5배 정도로 차이가 난다. 쓰나미 경보를 신속하게 전달하고 피난 행동이 순조롭게 잘 이뤄질 수 있도록 피난로 확보는 물론 환자, 신체 부자유자, 어린아이, 노인, 장애가 있는 사람들의 피난 지원을 적극적으로 추진해야 한다.

2) 인류가 지구 곳곳에 퍼진 이유

인류의 선조는 아프리카에서 탄생했다. 그리고 그들에게 어떤 이유로 '빅뱅'이 발생했다. 이제까지의 인류학자는 지금으로부터 약 100만 년 전에 우리의 선조 호모에렉투스(원시인)의 일부가 아프리카를 떠났다고 추정했다. 이러한 생각에 대해 아니, 그보다 100만 년 전에, 즉 지금으로부터 200만 년 전에 프레에렉투스 pre-erectus라고 불리는 더욱 원시적인 모습으로 아프리카를 떠났다고 주장하는 고생물학자나 고인류학자들도 있다. 그들은 중국의 화석 연대기 분석을 통해 유인원에 가까운 우리 선조들은 아주 원시적인 석기를 손에 들고 고향인 아프리카를 떠난 것이 틀림없다고 영국의 과학 전문 잡지 『네이처』1995년 11월 16일자에 연구 결과를 발표했다.

아프리카에서 세계 각지로 이동한 시기에 대해서는 이외에도 여러 설이 있다. 예를 들어 한 고생물학자는 새로운 유전자 연구에 근거해 현대인과 유전적인 관계가 있는 인류 선조들은 적어도 두 흐름으로 나뉘어 아시아와 유럽으로 이동했다고 생각하고 있다. 워싱턴 대학의 앨런 템플턴Alan Templeton이 2002년 3월 7일자 『네이처』에 발표한 것에 따르면, 이동 시기는 비교적 최근으로 첫 번째 흐름의 이동은 지금으로부터 약 50만 년 전이고, 두 번째 흐름은 10만 년 전이라고 한다.

하지만 왜 그들은 태어난 고향을 등졌는가. 이것이야말로 문제인 것이다. 미국의 과학 전문지 『사이언스』의 기고가인 엘리자베스 쿨로타 Elizabeth Culotta는 1995년 11월 17일자의 칼럼에서 그 이유를 인간의 방랑벽에서 찾았다. 그녀는 다음과 같이 서술하고 있다.

> 여행은 인류 진화에 큰 영향을 끼쳤다. 그것은 우리의 선조가 고향인 아프리카를 버리고 세계 곳곳에 퍼지도록 자극했다. 방랑에 대한 동경은 인류가 새 시대를 맞이할 수 있게 되기까지 진화해온 이유 중 하나인 것이다.

방랑에 대한 동경이 오늘의 인류를 형성했다고 하는 것은 로맨틱하다. 하지만 과연 그럴까, 라는 의문이 남는다. 또한 원숭이에 가까운 우리 선조들이 대항해 시대의 콜럼버스나 마젤란처럼 부와 영예를 추구해 미지의 모험에 발을 내딛었다고 생각하기도 어렵다. 나는 선조의 일부가 이동한 진짜 이유가 재해, 병, 항쟁, 침략, 살육, 약탈 등을 피하기 위해 피난한 건 아닐까 생각한다. 선조들은 재난을 피해 도망가고 도망가다가 세계 곳곳으로 퍼져 토착한 것이다. 피난행동은 우리에겐 가장 기본적인 행동이다. 이 행동으로 인류가 지구 곳곳에 널리 분포하고 다양한 고난에도 불구하고 살아남아 진화해온 그 긴긴 생존 과정을 설명할 수 있다. 위험을 민감하게 살피지 않고 피난이라는 행동을 취하지 않았다면, 지금의 우리는 없었을 것이다.

피난행동의 구조

1) 연구의 역사

전쟁은 국가의 운명을 건 긴급한 사태이다. 그리스 로마 시대부터 과학의 진보나 기술개발의 대부분이 군사에 기원을 두고 있는 것은 확실하다. 그것은 자신이 살아남기 위해 상대를 쓰러트리는 데 꼭 필요한 것이었다. 그러한 군사상의 필요성이 오늘의 문명사회를 낳은 모체이다.

피난행동은 인류 역사와 함께한 오래된 행동이지만, 과학적인 연구가 이루어진 계기는 제2차 세계대전 때 군사적인 필요성에 의해서였다. 영국은 독일군의 공습에 노출되어 국민을 런던 등의 대도시에서 지방으로 피난 보낼 필요에 직면했다. 런던 시민을 피난시키고 아이들의 집단소개集団疎開●를 순조롭게 하기 위해 어떤 방책을 취하면 좋을지를 연

● 일본에서 '소개'는 제2차 세계대전 때 공격 대상이 되기 쉬운 아동, 노인, 여성 등 또는 직접 공격 목표가 될 만한 산업 등을 분산시켜 시골로 피난시킨 정책을 가리키는 말로 일반화되었다. 당시 독일, 영국, 소련 등 많은 나라에서도 정부 주도로 소개가 이루어졌다. 소개가 단독으로 사용될 경우는 대부분 아동 소개를 가리키고, 학교별로 움직이는 경우는 '집단소개'라고 한다.

구했다. 그리고 미국에서는 일본과 독일 공습 시 어떻게 하면 전략상 효과를 낼 수 있을지의 관점에서 연구를 실시했다. 그중에는 피난행동 연구도 포함되어 있었지만, 그것은 전투에 참여하지 않는 일반 시민의 살상을 배제한 연구는 아니었다. 1945년 3월에 십만 명이 죽은 도쿄 공습과 히로시마·나가사키 원자폭탄 투하, 일반 시민이 살육된 독일 드레스덴과 베를린 공습을 봐도 확실히 알 수 있다.

1950년 한국전쟁이 발발해 미국과 소련을 중심으로 동서 냉전시대가 열리자 미국은 소련의 공격에서 어떻게 하면 자국민을 지킬 수 있을지의 관점에서 방호·피난 연구를 실시했다. 특히 소련이 핵개발에 박차를 가하자 핵공격으로부터의 자국민 보호를 테마로 조직적인 대규모 피난계획, 핵공격 대피소 내의 장기간에 걸친 피난생활의 연구 등 군사적 색채가 강한 인간행동 연구가 이루어졌다.

그러나 1960년대에 들어서자 재해심리학이나 재해사회학의 태도가 군사 목적이 아닌 재해 그 자체를 향하면서 점점 군사 연구의 색채는 빛이 바랬다. 곧 군사 연구에서 해방된 피난행동 연구는 재해 연구의 중심에 자리 잡게 되었다.

2) 메커니즘

피난행동이란 개인이나 가족 등으로 이루어진 집단이 위협받거나 파괴될 경우 그 사태를 피하기 위한 이동행동이다. 피난행동은 단순하게 보이지만 꽤 복잡한 요소를 품고 있다. 이 행동의 특징은 개인이 단독으로 움직이는 것이 아니라 집단적으로 움직인다는 데 있다. 피난행동의 메커니즘을 보면, 그것을 함께 행하는 개인들의 관계가 상호작용적이고 복합적이기 때문에 여러 가지 요인이 여기에 관여해 피난행동을 촉진하거나 지연시키거나 경우에 따라서는 중지시키기도 한다. 또한 이동은 일시적인 것으로, 많은 경우 위험이 지나간 후에 원래 있던 장소로 다시 돌아오지만 때로는 이동한 장소에 머물거나 거기에서 또 다른 장소로 이동을 거듭하는 경우도 있다. 그러한 각 단계마다 개인이나 집단의 의사결정 프로세스가 사이사이에 끼어든다.

그런데 피난행동은 우선 위험을 알리는 정보가 전달되어야만 일어난다. 이 정보는 매스미디어가 전달하는 재해 정보나 시정촌 등의 소방행정 무선스피커 혹은 소방 차량·경찰 차량의 피난 권고나 지시로 전달되기도 한다. 또한 자연재해의 경우에는 자주 있는 일이지만 심하게 흔들리는 지진의 진동을 느끼거나 화산 분화나 화산재 낙하를 자신의 눈으로 보고 재해를 확인하는 경우도 많다. 어느 쪽이건 피난행동이 일어나기 위해서는 자기 앞에 닥친 위험이 현실이라는 것을 실감해야만 한다.

하지만 설령 위험을 느꼈다고 해도 바로 피난행동으로 이어지는 것은 아니다. 그다음에는 위험의 크기를 평가하는 단계가 온다. 개중에는 위험을 과도하게 받아들이는 사람도 있지만, 일반적으로 위험은 실제보다 과소평가되는 경향이 있다. 그 때문에 많은 재해에서 피난 권고나 지시가 내려져도 그 말에 따라 실제로 피난하는 사람은 적다.

여기에서 만약 위험의 크기를 판단해 사람들이 피난의 필요성을 느겠다고 가정해보자. 그러면 최종적으로 고려해야 할 것은 피난할 때 무언가 중대한 장해가 있는가 없는가이다. 이 단계에서는 예를 들어 피난 도중 큰 위험은 없을까, 피난소는 충분히 준비되어 있을까, 피난소까지의 거리는 얼마나 될까 하는 것 이상으로 많은 것을 생각하고 고민하게 된다. 그 결과, 피난하지 않는 것보다 피난하는 편이 더 안전하다고 생각될 때 공적인 피난 지시나 자신의 판단에 따라 피난행동을 개시한다. 피난행동을 하는 사람들의 비율이 일반적으로 낮은 것은 피난에 크고 작은 여러 가지 비용이 든다는 이유도 있다.

3) 불안과 위기감을 지렛대 삼아

피난행동은 재해에 대한 불안이나 위기감이 없으면 일어나지 않는다. 해리 무어Harry Estill Moore나 프레드릭 베이츠Frederick L. Bates 등 미국의 재해사회학 창시자들은 1960년대에 처음으로 실시한 조사연구에서 위기감이 강한 사람일수록 피난할 확률이 높다는 결론을 내렸다. 또한 우리 팀이 도카이 지진의 위험지역인 시즈오카 현에서 벌인 조사에서는 지진에 대한 불안이 강한 사람일수록 피난을 준비하는 경향이 있었다.

재해를 목전에 두고 불안이나 위기감이 높아질 때 스트레스로 가득 찬 불쾌한 감각이 발생한다. 이러한 초조한 긴장을 해소하는 출구 중 하나가 피난행동이다. 불안이나 위기가 강해지면 강해질수록 이 출구로 탈출을 꾀하는 시도도 늘어난다.

예전부터 스승은 학생에게 "공부해라. 하지 않으면 낙제한다"고 으르며 불안이나 위기감을 부추겨 공부라는 출구를 지시해왔다. 의사는 환자에게 "약을 반드시 드세요. 지키지 않으면 병이 악화됩니다"라고 환자에게 공포와 불안을 주어 약의 복용이라는 출구를 지시했다. 또한 부모는 아이들에게 "말 잘 들어. 안 그러면 엉덩이를 때릴 거야"라고 벌의 공포와 애정 박탈이라는 불안을 환기해 부모에게 복종하라는 출구를 강요해왔다.

위기 사태를 피할 가능성이 있는 경우, 그리고 공포나 불안이 강할수록 피해 손실을 줄이기 위한 여러 행동이 빈번하게 일어난다. 피난행동을 일으키기 위해서는 공포와 불안이 필요하다. 하지만 패닉에 빠지지 않고 이 행동이 질서 잡힌 정상적인 행동이 되기 위해서는 공포와 불안이 과도해지지 않도록 하는 것이 중요하다.

피난행동을 일으키기 위해서 공포나 불안을 유효하게 이용할 수도 있다. 1장에서도 언급했듯이 우리 조사팀은 1980년 8월부터 1983년 1월까지 2년 5개월에 걸쳐 도카이 지진의 위험지역인 시즈오카 현에서 네 번의 패널 조사를 실시했다. 동일한 사람을 대상으로 시간이 경과하면서 의식과 행동이 어떻게 변하는지를 체크할 수 있었다. 그것을 통해 시간의 흐름에 따라 요동치는 심리나 행동의 실태를 수량적으로 파악하는 것이 가능했다. 조사 결과를 분석해 알게 된 것은 다음과 같다. 어떤 조사시점에서 지진에 대한 불안이나 위기감이 높아지면 다음 조사시점에서 방재행동이 촉진된다. 반대로 지진에 대한 불안이나 위기감이 줄어들면 다음 조사시점에서 방재행동이 줄어든다. 요컨대 불안과 위기감이 방재행동을 전반적으로 높이는 자극제 역할을 하는 것이다.

우리 마음의 메커니즘은 불안이나 위기감이 지속되어 심신이 항상 긴장상태에 있는 불이익을 없애기 위해 시간이 흐르면 자연적으로 불안이나 위기감이 낮아지도록 되어 있다. 불안이나 위기감을 항상 일정한 레벨로 유지하고 피난행동을 포함한 방재행동을 쉽게 일으키기 위해서는 새로운 불안과 공포, 위기의식을 불러오는 구조를 만들어야 한다. 역설적으로 들릴지도 모르겠지만, 안전을 확보하고 안심하기 위해서는 불안과 공포, 위기의식이 언제나 우리 내부에 공존해야 하는 것이다.

피난행동에 영향을 끼치는 휴먼 팩터

피난행동은 개인 단독으로 이루어지지 않는다. 집단행동의 특징이 강하게 나타나며 함께 피난하는 사람들의 관계는 어떤 경우엔 매우 긴밀하거나 때론 비교적 느슨하게 연계되어 있지만, 뭔가 상호작용을 한다. 어떤 관계로 맺어져 있으며 어떤 사람이 집단의 중심이 되는가에 따라 피난행동은 다양한 형태를 띤다. 많은 집단행동이 그렇듯이 피난행동도 휴먼 팩터human factor가 강하게 작용한다.

1) 가족

재해에 직면했을 때 가족은 하나가 되어 행동하려고 한다. 1923년의 관동 대지진 피해자의 경우에도 많은 이들이 가족 단위로 뭉쳐 피난했다. 또 제2차 세계대전 때 미군의 공습을 받은 도쿄 시민이나 나치 독일의 로켓 공격을 받은 런던 시민의 피난행동도 가족 단위로 이루어졌다. 이러한 가족 단위의 피난행동은 자연재해나 전쟁에서만 볼 수 있는 것이 아니다. 1979년 3월 미국 펜실베이니아 주 스리마일Three Mile 섬의 원자력발전소 사고에 관한 피난행동 조사에서도 다수의 피난민이 가족 단위로 이동했다는 것이 밝혀졌다.

1965년 미국의 덴버 홍수를 조사한 드라벡Thomas E. Drabek과 스티븐슨John S. Stephenson의 보고서에는 가족 전원이 함께 피난한 사례가 전체의 92퍼센트에 달했다. 또한 모든 가족이 일체가 되어 피난한 가족 중의 70퍼센트가 피난하려고 할 때 가족 전원이 모이지 않아 구성원 모두가 모일 때까지 기다린 후 피난했다. 경우에 따라서는 가족 전원이 모이기를 기다리느라 생긴 시간 손실이 치명적인 결과를 초래하기도 했다.

1970년 5월에 일어난 페루 융가이 지진 때의 피난행동에서도 가족이라는 요인은 큰 영향을 끼쳤다. 융가이 지진은 안데스 정상 부근의 빙하가 떨어져 내려 빙석 눈사태가 산기슭의 마을들을 강타해 5만 명 이상의 사망자를 낸 재해이다. 유아나 노인을 포함한 대가족은 피난을 단념해 탈출을 포기한 경우가 많았고, 가족의 누군가가 떨어진 대들보나 천장, 가구 등에 깔린 경우에는 구조하려다가 피난 기회를 놓친 경우도 많았다. 재해에 직면해 그 위험을 실감할 때는 죽어도 살아도 가족과 함께 있고 싶다는 바람이 강해진다. 이러한 감정은 한신 대지진 등 다수의 재해 피해자들이 공통적으로 느끼는 감정이다. 재해라는 지극히 가혹한 상황에서 정말로 소중하고 의지할 수 있는 이는 가족뿐이라는 생각이 강렬해지는 것이다. 그런 이유로 가족은 재해가 일어나면 결합을 추구한다.

재해 시 가족의 유대를 생각했을 때 내게 가장 깊은 인상을 남긴 것은 이탈리아의 폼페이 시에서 본 가족의 모습이다. 나폴리 만 연안에 위치한 베수비오 화산은 서기 79년 8월에 크게 분화해 폼페이 시와 헬크라네움 시를 시작으로 많은 도시와 마을을 폐허로 만들었다. 6미터가 넘는 화산성 퇴적물 아래에 가라앉은 이 도시들의 모습은 완전히 사라졌다. 많은 시민들은 화산성 유독가스에 의해 중독사하거나 미세한 화산재가 입, 코, 기관지를 메운 탓에 질식사했다. 그리고 그들은 두꺼운 화산재에 덮였다. 1961년에 시 외곽에 있던 '피난민 채소밭'이라고 불리는 장소에서 '석고 모사'를 이용해 희생자 열세 명의 석고상을 뜰 수 있었다. '석고 모사'란 두꺼운 화산재 속에 단단히 묻힌 사체의 유기질이 오랜 세월에 걸쳐 분해되어 생긴 공동空洞에 석고를 주입해 사체의 모습을 재현하는 고고학적 방법이다. 석고상을 떠보니 어른과 아이들이 가족 단위로 죽어 있었다. 화산재나 화산력火山礫*이 떨어져 내리는 상황에서 여기까지 피난한 다음 다시 피난할 타이밍을 재고 있는 사이에 전원이 질식사한 것으로 생각된다. 한 남성은 오른쪽 팔꿈치를 돌바닥에 대고 상반신을 일으키던 채로 쓰러진 가족을 바라보면서 죽었다.

● 화산이 분출할 때 터져 나오는 용암 조각.

어린아이나 노인, 환자 등을 포함한 가족은 약자를 보호하면서 재해에서 벗어나기 위해 가족이 더욱 결속력을 다져야 하는 사정에 처한다. 어떤 사회적 약자가 가족구성원으로 포함되어 있는지에 따라 피난행동을 시작하는 시기가 달라진다. 어린아이가 있는 가족은 피난행동이 신속하게 이루어지는 경향이 있고, 노인이나 환자가 있는 가족은 늦는 경향이 있다. 그렇기에 후자에 대한 지원이 더욱 중요하다.

가족이 만약 하나의 단위가 아니라 따로따로 피난한다면 건강한 젊은이들은 살아남을 수 있을 것이다. 대신 어린이와 노인들은 살아남기가 불가능할 것이다. 가족의 심리적, 신체적인 상호지원의 중요성을 생각하면 가족이 함께 있는 것은 생존에서 총체적으로 유리한 조건임에 틀림없다. 다음에 서술할 것은 가족과 함께 있으면 생존에 이점이 있다는 것을 알려주는 하나의 예다.

2) 다나 일행의 이야기로 본 가족

다나 일행이 겪은 비극적인 사건만큼 인간의 여러 생존조건을 생각하기에 적당한 사례는 흔치 않다. 여기에서는 간략하게 다나 일행을 소개해볼까 한다.

미국 일리노이 주 스프링필드Springfield에 살던 조지 다나와 그의 형 제이콥 다나, 그리고 이들의 친구인 제임스 리드는 모든 재산을 처분하고 캘리포니아로 이주를 결정했다. 여정은 약 3천2백 킬로미터. 앞길은 험난했다. 1846년 4월, 이 세 명과 그의 가족들은 각자 세 대씩 준비한 마차에 가산을 싣고 가족과 하인을 태운 후 출발했다. 총 인원은 32명이었다. 한 대당 여섯 마리의 소가 끄는 마차는 약 시속 3킬로미터의 속도로 달렸다. 마차는 크기도 모양도 제각각이었는데 예를 들면 리드의 가족이 탄 마차는 2층으로 설계된 '프레스 카'라는 고급 마차였다. 도중에 합류한 사람까지 합해 약 88명(여기까지 오는 도중에 한 명이 병사했으므로 엄밀하게는 87명)이 되었다. 그들은 상당히 느슨한 관계였음에도 무리의 체제를 정비할 필요가 있었기에 조지 다나를 대표로 선출했다. 다나 일행이라는 명칭은 수장이었던 조지 다나에서 딴 것이다.

서부극의 시대였다. 당시는 미국 대륙을 횡단해서 캘리포니아나 오리건으로 이주하는 사람들이 많았다. 이들은 처음에는 가족이나 단신으로 출발해도 도중에 무리를 만들거나 이동 중인 무리에 합류해 집단으로 이동하는 경우가 대부분이었다. 외부의 적으로부터 공격을 피하고 곤란한 상황을 헤쳐 나가는 데 큰 도움이 되었기 때문이다. 무리에는 수장이 있었는데 많은 권한이 주어진 것은 아니었다. 보통은 투표로 선출했는데, 주요한 역할은 무리의 출발시간을 정하고 야영지를 선택하고 다툼을 중재하는 정도로 한정되었다. 무리에게 중요한 일은 모두가 합의해 결정했고 숙박, 식사 등의 일상생활은 가족 단위로 이루어졌다. 그런 의미에서 처음부터 가족의 역할이 컸다고 말할 수 있다.

이들은 눈이 내리기 전에 캘리포니아로 가는 최종 관문인 험준한 시에라네바다 산맥을 넘어야 했다. 다나 일행의 공식적인 인원은 하인 자격으로 새롭게 합류한 두 명의 원주민을 포함해 90명이었다. 공식적인 인원이라고 말한 것은 이미 사망한 6명을 포함한 인원이기 때문이다. 마지막 휴식지인 현재의 네바다 주 리노 시를 향해 출발한 것은 10월이 끝나갈 무렵으로 산에는 이미 눈이 내리고 있었다.

기록적인 폭설을 뚫고 이동했으나 11월 초 시에라네바다 산중으로 방향을 튼 폭설이 가는 길을 방해해 움직일 수 없게 되자 어쩔 수 없이 산속에서 겨울을 보내게 되었다. 그리고 다음 해 4월, 남아 있던 사람들의 구조가 완료되기까지 이미 혹한과 식량 부족으로 인해 많은 사람들이 사망했다.

90명 중 48명만이 살아서 캘리포니아를 건널 수 있었다. 도중에 42명이 죽었으니, 사망률은 47퍼센트였다. 캘리포니아 대학 데이비스 캠퍼스의 스티븐 맥커디Stephen A. McCurdy는 90명의 성별, 연령, 가족의 유무 등을 정리해 생존율에 대한 총계 분석을 했다. 그 분석 결과에 따르면, 단신으로 다나 일행에 참가한 사람의 사망률은 가족과 함께 떠난 사람들의 두 배였다. 다나 일행은 18명이 단신 참가였고 72명은 가족과 함께였다. 연령을 평균치로 비교하면 단신 참가자가 29.9세, 가족과 함께 있던 사람들은 18.8세로 단신 참가자의 연령이 높은 것도 사망률에 큰 영향을 끼쳤을 것으로 추측된다. 또한 단신 참가자 전원이 남성인 것도 사망률을 높이는 이유였을지도 모른다. 남성의 사망률이 여성의 두 배에 달했기 때문이다. 물론 이 분석 결과는 에누리해서 볼 필요가 있다. 그렇더라도 가족과 함께하는 것은 생존의 이점으로 작용함에 틀림없다. 하지만 왜 가족과 함께 있는 것이 생존에 플러스 요인이 되는 것일까.

3) 가족과 함께하는 것의 생물학적 이점

많은 동물은 생명의 위험에 직면했을 때 서로 결속해 에너지 손실을 줄이고 외부의 재해에 효율적으로 대응하려고 한다. 하지만 위협에 노출되거나 궁핍이 지속되면 서로 돕고 부족한 자원을 나누면서 함께 생존하려고 해도 만약 상대가 모든 걸 독점하거나 배신하면 신뢰 관계가 원수 관계로 변해 파멸적인 상황을 초래할 것이다. 이럴 때 혈연으로 맺어진 가족은 가장 신뢰할 수 있는 집단이 된다.

가족이라는 테두리가 대피소가 되고 방패가 되어 구성원을 보호한다. 이러한 분위기에서 부모는 아이를 위해, 아이는 부모를 위해 종종 자기희생을 수반하는 원조행동을 주저 없이 행한다. 따라서 사회심리학에서 말하는 '애타적 행위'를 교환하는 사람들의 생존 가능성이 높아지는 것은 당연하다.

가족의 역할은 행동 측면에서의 자원 공유나 상호부조로만 한정되지 않는다. 가족구성원 사이의 감정적인 연결 또한 중요한 의미를 갖는데 이 감정적인 교류가 생존능력을 높인다. 가족은 심리적으로도 물리적으로도 응집력이 높기 때문에 재해 시에 가족구성원의 위험을 분산시키고 최소화하는 것이 가능하다.

4) 낮의 재해와 밤의 재해에 따른 휴먼 팩터

재해가 낮에 일어나는 경우에 비해 밤에 일어날 때 피해가 더 큰 것은 왜일까. 밤에는 사람들이 취침을 하는 등 무방비 상태에 놓이는 것이 주된 이유 중 하나다. 또 하나의 주된 이유는 재해 발생에 대한 확인행동을 밤에는 하기가 어렵다는 점이다. 자연재해 발생을 인지하는 것은 많은 경우 눈으로 보거나 소리를 듣거나 진동을 느끼거나 하는 오관五官의 확인행동에 의해서다. 1977년 홋카이도 우스 산 분화의 경우 우리 팀이 피해지에서 실시한 앙케트 조사에 따르면 분화를 어떤 식으로 인지했는가, 라는 질문에 응답한 431명 중 85.2퍼센트의 사람들이 '직접 눈으로 보고 알았다'고 대답했다. 보통 피난행동은 확인행동을 통해 재해 발생을 인지한 후에 개시된다. 재해가 밤중에 일어나는 경우에는 이 확인행동이 어려워지므로 피난 시기를 놓쳐 희생되는 가슴 아픈 일이 벌어진다.

재해 정보는 직접 눈으로 보거나 느끼는 것뿐만 아니라 텔레비전이나 라디오, 인터넷의 매스컴 정보나 친구·지인의 연락 등 다양한 경로를 통해 전달된다. 매스미디어나 개인 소통 네트워크를 통해 정보를 취득하는 행동도 피난행동을 시작하는 중요한 열쇠가 된다. 하지만 이렇게 체감하는 것 외의 방법으로 재해를 확인할 수 있는 가능성이 밤에는 줄어들기 때문에 재해 발생을 신속하게 알기가 어렵다. 또한 소방서나 경찰서 등의 방재조직도 밤에는 기능이 저하된다. 게다가 암흑이나 추위라는 악조건이 더해지면 피난행동이 더욱 늦어지므로, 결국 밤에 발생하는 재해가 낮에 발생하는 재해보다 큰 피해를 끼치게 되는 것이다.

5) 모방성 또는 감염성

피난행동에서는 모방성과 감염성을 확인할 수 있다. 이웃이나 지인이 피난하면 따라서 피난한다. 또한 누군가가 피난했다는 것을 알게 되면 피난하는 사람들이 점점 늘어난다. 피난해야 할지 말아야 할지 결정하지 못하거나 가족의 의견이 불일치할 때는 특히 그렇다. 스스로의 판단으로 행동을 결정해야만 하는 경우에는 타인의 행동이 재해 상황을 판단하거나 피난행동을 시작할 것인지를 결정하는 중요한 열쇠가 되는 경우가 많다.

6) 매스컴 접촉과 개인 간의 소통

평상시 텔레비전, 신문, 인터넷 등을 통해 매스컴 정보를 수용하는 빈도가 높은 사람일수록 재해 정보를 접할 기회가 많아지기 때문에 피난행동을 신속하게 시작할 수 있다. 또한 대인관계가 친밀하거나 이웃과의 사이가 양호한 경우에도 개인 간 소통을 통해 재해 정보를 얻을 수 있으므로 피난행동을 개시하기에 유리하다. 예를 들면 마을 자치회의 임원이거나 지역 커뮤니티에서 적극적인 역할을 하는 사람에게 재해 정보는 더 빈번하게 들어온다. 이러한 사람들의 정보행동은 더욱 활발하므로 솔선해서 피난 등의 행동을 하는 경우가 많다.

재해를 앞에 두고서도 많은 사람들이 피난하려 하지 않는 것은 재해에 대한 정확한 인지가 없기 때문이다. '자신을 위협하는 위험이 있다'라고 실제로 느끼는 것은 피난행동을 일으키기 위한 필수조건이다. 재해의 위협을 확실히 이미지화 해보는 것이 피해를 면할 수 있는 피난행동을 일으키는 데 무엇보다 중요하다.

7) 재해 경험과 재해 문화

우리는 '학습'이라는 심리적 기능을 가지고 있기에 체계화한 경험을 토대로 결과를 미리 예견해 시행착오 없이 자신의 행동을 제어할 수 있다. 재해 경험도 다르지 않다고 말할 수 있다. 개인은 물론 가족과 같은 집단의 경우, 그리고 사회공동체에서도 재해 피해의 경험은 학습에 의해 체계화되어 쌓인다.

과거에 재해를 만났다는 것은, 다시 말해 재해 피해의 경험이 있다는 것은 새로운 재해에 대한 내성 혹은 면역성을 갖게 할 수 있다. 하지만 몸의 경우 홍역에 대해 면역이 있는 사람도 인플루엔자에는 걸릴 수 있다. 어떤 백신에 의해 만들어진 항체의 효과가 다른 바이러스가 일으키는 병에는 저항력이 없는 것처럼, 재해 체험의 경우에도 어떤 특정 종류의 재해 경험이 불러오는 학습효과가 다른 종류의 재해에는 별 도움이 되지 않는 것이다. 구체적으로 말하자면 다음과 같다.

예를 들어 홍수 피해 경험을 갖고 있는 경우라면 홍수에 대처하는 데는 어느 정도 자신을 갖고 헤쳐 나갈 수 있다. 하지만 쓰나미나 지진을 만난 경우라면 홍수 피해 경험은 도움이 되지 않는다. 또한 같은 홍수라도 지금까지 경험한 규모나 타입과 현저히 다른 홍수라면 선행 경험은 도움이 되지 않거나, 때로는 피해를 과소평가해버리는 요인이 되기도 한다. 또한 과거에 피난 지시에 따라 피난했지만 실제 피해는 그럴 필요가 없었을 정도로 무척 경미했다면 피난 비용은 지불될 필요가 없는 비용으로 기억된다. 이러한 재해 경험은 또 다른 재해가 일어났을 때 피난행동을 늦추거나 방해하는 요인이 된다. 따라서 재해 경험은 피난행동으로 이어질 수도 있지만 항상 플러스 요인이 되는 것은 아니다. 다만 여기에서 말할 수 있는 것은 과거에 큰 재해를 경험한 경우에는 일반적으로 피난행동이 적극적으로 일어날 수 있다는 것이다. 피난의 유효성을 체득한 적이 많았기 때문이다.

이제는 재해 문화를 설명할 차례다. 거듭되는 재해는 사회 내부에 재해 문화를 만든다. 재해 문화는 세대에 걸쳐 사회나 가족, 개인의 재해 경험이 사회구조나 인간생활에 반영되어 사회의 암묵적인 규범이나 사람들의 태도와 행동, 사고방식 속에 정착하는 양식이다. 재해 문화는 사회가 재해에 적응력을 갖게 하는 데 이바지한다. 예를 들어 태풍 상습 지역에서는 태풍을 매년 발생하는 자연현상의 일부로 자연스럽게 수용해 사람들의 사고방식이나 행동이 태풍에 적응하고 그 피해를 경감시키는 데 적합해진다. 또한 거듭되는 태풍의 습격은 방재 계획을 사회생활 속에 위치시켜, 방재기술의 연마나 재해 시 인적·물적 자원조달 방식이 뿌리내릴 수 있게 한다. 이것을 '태풍 재해 문화'라고 부른다. 이 외에도 허리케인이 상습적으로 강타하는 미국의 남부 지역에서는 허리케인 문화가, 또한 일본과 같은 지진이 많은 나라에서는 지진 재해 문화가 탄생한다. 자연재해와 타협하는 것으로 인간사회를 지속시키기 위해 고안된 재해 문화는 재해에 적응하고 여러 스트레스를 경감시키는 데 큰 역할을 한다.

3

위험 예지와
재해 피해의 상관성

재해 예지

1) 과학적 예지 효용과 한계

만약 재해를 백퍼센트 확실하게 사전에 예지할 수 있는 방법이 있다면, 이보다 나은 방재 수단은 없다. 그렇게 되면 재해를 피한다는 것은 그렇게 하고 싶은지 아닌지의 개인적인 의사에 의해 결정된다. 따라서 방재라는 개념 자체도 의미를 잃게 된다. 하지만 재해 발생을 완전하게 예지하는 것은 아무래도 가능하지 않다. 자연의 비밀에 끝없이 다가가려는 것은 가능할지라도 그것을 모두 아는 것은 불가능하다. 자연재해에서도 동일하다. 대략 유사하게 예지 정보를 얻을 수는 있어도 여러 가지 불확정 요소가 개입하기 때문에 언제, 어디서, 어느 정도 규모의 재해가 일어날지 정확히 아는 것은 아마도 영원히 불가능할 것이다.

현 시점에서 재해의 과학적인 예지가 가장 앞서 있는 것은 기상재해이다. 인공위성이 제공하는 정보 덕분에 태풍의 발생이나 예측 진로 등은 예지할 수 있다. 하지만 태풍의 세기나 변화, 정확한 루트, 그로 인해 발생하는 강수량이나 풍속 등에 대해서는 상당히 부정확한 추측 영역을 벗어나지 못하고 있다. 그 외의 기상재해의 예도 비슷하다. 무수히 존재하는 변수를 생각해야만 하는 것이다.

천둥번개나 회오리 발생 그리고 호우나 홍수 등의 위험성이나 가능성은 다소 거칠게 예측할 수는 있어도 피해 발생을 완전히 막을 수 있을 정도의 정확도에는 미치지 못한다. 하물며 과학적 해명이 불충분한 그 외의 자연재해, 예를 들면 지진, 화산 분화 등의 지각재해, 토석류나 산사태 같은 지반재해에 관한 예지는 아직도 충분히 신뢰할 수 없다.

2) 도카이 지진 예지의 경우

방재와 재해 예지의 관점에서 보면 도카이 지진 대책은 지극히 모험적인 것을 시도하고 있기에 흥미롭다. 일본 행정부로서는 드물게 돈키호테적인 만용을 발휘하고 있기 때문이다.

도카이 지진은 쓰루가敦賀 만의 해저단층(trough, 트로프)이 주요 진원역震源域인 지진이다. 약 사반세기 전인 1976년 8월에 "내일 일어난다고 해도 이상하지 않을 정도"라는 긴박한 코멘트와 함께 그 발생이 예지되었다. 이 해 10월 4일에는 참의원 예산위원회에, 같은 달 13일에는 중의원 과학기술특별위원회에 참고인으로 출석한 지진학 권위자들에 의해 '도카이 지진설'은 과학적인 근거가 추가 확인되었다. 그리고 이것은 정부가 가장 우선적으로 몰두해야 할 긴급과제로 급부상했다. 매그니튜드 8등급으로 간주되는 대형 지진 대책을 목적으로 한 '대규모지진대책특별조치법'이라는 법률이 1978년 6월에 공포되어 12월에 시행되었다.

과학적으로 재해가 예상되었다는 것만으로 국가가 총력을 기울여 사전대책을 실시했다는 것은 세계의 재해 역사에서도 지극히 이례적이었다. 게다가 도카이 지진 대책의 재정을 실제적으로 정비하기 위해 5년간의 한시법 '지진재특법'(정식 명칭은 '지진 방재 대책 강화지역의 지진 대책 긴급 정비 사업을 위한 국가 재정 특별조치에 관한 법률')이 1980년부터 1985년까지 5년간 시행되었고 그 후 5년간 더 연장되었다. 그 법률 아래서 정부는 진도 5[*] 이상의 진동을 겪을 것으로 예상되는 170개 시정촌 등의 대책강화지역에 방재를 위한 총사업비 4,174억 엔을 지출해 지진 대책을 실시했다. 당시 지진의 단계에서 진도 5의 세기라는 것은 벽에 금이 가고 비석이나 굴뚝 등이 파괴될 정도의 이른바 강진으로 불리는 지진이다.

특별히 짚고 넘어가야 할 것은 도카이 지진 방재 대책을 상정하는 대진법은 도카이 지진의 전조현상을 과학적으로 파악할 수 있다는 대전제를 깔고 있다는 것이다. 전조현상을 감지하면 기상청장관이 사적 자문기관이자 지진학자들로 구성된 '지진 방재 대책 강화지역 판정회'(약칭, 판정회)를 긴급 소집한다. 그리고 그 자리에서 도카이 지진이 곧 일어날 것이라는 판단이 내려지면 기상청장관은 내각총리대신에게 예지 정보를 보고하고 총리대신은 즉시 각료회의를 열어 경계선언(도카이 지진경보)을 발령하는 구조이다.

이 도카이 지진 대책 시스템에는 이것이 만들어진 당시의 정부나 지진학자들의 지진 예지에 대한 비장한 기원이 담겨 있다. 그때 일본과 미국의 지진학자들은 중국의 하이쳉海城 지진(1975년 2월)을 시작으로 몇몇 지진의 경우 직전 예지에 성공해 많은 인명 손실을 방지할 수 있었다는

---

[*] 이 진도의 단계는, 0부터 7까지 8단계로 나눈 것으로 현재는 사용되지 않는다. 1996년 10월에 진도의 단계가 개정되어 10단계가 되었다.(저자 주)

보고를 접했다. 일본이나 미국의 지진학자들 사이에서 지진 예지에 대한 장밋빛 꿈이 영글어갔다. 곧 지진 예지에 대한 기대는 자신감으로 바뀌었다. 아무래도 당시 시대적 분위기의 산물이었다고 할 수 있을 것이다. 그 후 중국은 1976년 7월 탕산唐山 대지진의 직전 예지에 실패해 약 24만 명이 희생되었으나, 직전 경보의 타이밍은 놓쳤어도 이 지진을 반년 전부터 예상했다는 설명에 만족했다.

일본의 본격적인 지진 대책이 대형 지진의 직전 예지가 가능하다는 낙관론에서 출발한 것은 틀림없는 사실이다. 직전 예지의 가능성에 대한 낙관론은 그 후 급속히 꼬리를 내렸으나 낙관론에서 출발한 것 자체가 결코 나쁜 것은 아니었다. 고도성장기의 윤택한 재원을 투입해 비용 편익을 고려하지 않은 방재 투자를 시작했기 때문이다. 결과적으로는 시즈오카 현을 중심으로 지역의 내진성이 강화되어 지진재해의 취약성이 경감되는 플러스 효과를 가져다주었다. 시작은 좋았다. 하지만 언제까지나 환상을 품고 있는 것은 위험하다.

3) 예지의 꿈에서 현실 직시로

2002년에는 도카이 지진의 예상 피해가 수정되었다. 그 결과 도카이 지진의 크기는 매그니튜드 8.0, 진도 6약 이상의 진동으로 설정되었고, 쓰나미 피해가 예상되는 나고야 시를 포함한 8개의 도현都県과 263개의 시정촌까지로 대책강화지역이 확장되었다. 진도 6약의 지진이란 1996년에 개정된 새로운 진도 단계 중 밑에서부터 여덟 번째, 위에서부터 세 번째인 지진이다. 내진성이 낮은 주택은 붕괴되고, 집 안에서는 고정되지 않은 가구가 움직이거나 쓰러지며, 문과 창문이 열리지 않게 되는 정도의 진동이다. 또한 가스관과 수도관이 파손되고 정전되는 지역도 속출한다.

그런데 도쿄는 지금까지 대책강화지역이 아니었지만 이 수정으로 쓰나미 피해가 예상되는 니지마^{新島}, 고즈시마^{神津島}, 미야케지마^{三宅島} 이렇게 세 개의 섬이 새로운 대책강화지역에 추가되었다.

일본의 중앙방재회의는 만약 판정회가 예지에 실패해 예고 없이 도카이 지진을 겪을 경우 최대 1만 명의 희생자와 37조 엔의 경제적 손실이 나올 것으로 예상했다. 또한 민간 전문가 조직은 만약 판정회가 내린 경계선언이 빗나갈 경우 경계선언 발령과 동시에 교통과 금융 등의 기능이 정지되므로 일일 최대 천7백억 엔의 경제적 손실을 입게 될 것이라고 추산했다.

만약 경계선언이 열흘간 연속으로 발령된다면, 그것만으로 1조 7천억 엔이라는 경제적 손실이 생길 뿐만 아니라 일본 경제에 끼치는 장기적인 영향도 엄청나다. 현 시점의 지진 예지의 정확도를 생각하면 이처럼 큰 손실을 초래할 우려가 있는 경계선언은 사실상 발령하기 힘들다고 봐야 한다. 지진과학의 현 단계에서는 대형 지진의 장기·중기 예지는 가능하지만 직전 예지는 어렵다. 이렇게 속수무책인 상태를 해소할 수 있는 가장 신뢰성 있는 방책은 충분한 비용을 들이고 착실하게 노력해 지진재해에 대한 지역사회의 취약성을 하나하나 단계를 밟아 제거해나가는 것이다. 이해할 수 없는 일이긴 하지만, 사반세기가 지나서야 겨우 그 방향으로 궤도를 수정하게 되었다.

2003년에 도카이 지진 대책은 '지진 예지'의 신앙에서 합리적인 '정도正道'로 방향을 틀기 시작했다. 기상청의 지진 전문가마저 도카이 지진의 직전 예지가 가능한 것은 1944년의 도난카이 지진 때 나타난 단층면 프리슬립pre-slip 현상이라는 느린 속도의 전조가 관찰될 때뿐이라고 인정했다. 또한 프리슬립이 만약 일어난다고 하더라도 관측망이 잡아낼 수 없는 경우가 있다는 것도 인정했다. 도카이 지진의 직전 예지가 가능하다는 보증은 과학적이지 않은 것이다.

조금 샛길로 빠지는 이야기이긴 하지만, 1984년경부터 우리 연구팀은 지진 예지의 사회적 영향에 관한 연구를 시작했다. 우선 일본과 미국 양국의 지진 방재 행정담당관과 연구자들에게 청취 조사를 실시했다. 미국 캘리포니아 주는 일본처럼 지진이 많고, 또한 일본처럼 다수의 우수한 지진학자들이 경쟁적으로 지진 예지에 관한 연구를 하고 있었다. 우리는 주정부의 지진 대책의 중심에 있는 지질전문관 제임스 데이비스 James F. Davis 박사를 인터뷰했다. 그때 그가 우리 팀에게 한 말은 특히 인상적이었다.

캘리포니아 지진의 영역은 샌앤드레이어스 단층San Andreas Fault을 중심으로 한 단층의 윗부분에 위치해 굉장히 많이 연구되고 있습니다. 아무리 늦어도 내가 살아 있는 동안에 지진이 일어나리라는 것은 단언할 수 있습니다. 하지만 일 년 이내의 오차로 대형 지진을 예지하는 것은 무리입니다. 도카이 지진의 진원역은 캘리포니아처럼 지표면이 아니라 해저에 있습니다. 예측이 한층 어려울 것입니다. 일본 과학자들은 예지에 낙관적이지만, 우리는 현실적입니다.

나는 당시 데이비스 박사의 말이 지극히 옳다고 느꼈다. 그리고 예상대로였다.

2003년 5월 29일에 내각총리대신을 의장으로 한 중앙방재회의는 '도카이 지진 대책대강'을 통합 정리해 도카이 지진 대책을 큰 폭으로 변경했다. 우선 '대진법' 이후부터 직전 예지에 의존하던 대책에서, 지진이 갑자기 일어났을 경우 재해를 최소화하는 대책으로 노선의 방향을 완전히 틀었다. 다음으로 이 '대책대강'은 '판정회'가 경계선언을 발령하더라도 빗나갈 가능성이 크다는 것을 인정했다. 따라서 경계선언이 내려지는 사이 주민 안전을 확보하고 경제적 손실을 경감하기 위해 규제를 완화하기로 했다. 예를 들면 지금까지는 경계선언 발령 후 모든 병원은 휴진해야 하고 소매점도 폐점해야 했으나, 내진성이 있는 병원은 원칙적으로 진찰을 계속할 수 있고, 내진성이 있는 점포도 영업할 수 있게 했다. 또한 교통기관 중 철도는 대책강화지역 내에서는 운행하지 못하지만, 진도 5강 이하의 쓰나미 위험이 없는 지역에서는 철도회사가 안전하다고 판단할 경우 철도 운행을 할 수 있게 했다. 이렇듯 상당한 정도까지 지역주민의 생활 편의를 배려해 병원, 백화점, 슈퍼마켓, 철도 등의 영업주체에 의한 자율 재량을 인정한 것이다. 다소 꿈의 흔적을 남겨두긴 했으나 직전 예지가 가능하다는 장밋빛 꿈에서 깨어나 현실적인 방법에 발을 내딛는 쪽으로 일본의 지진 대책은 새 모습을 드러내고 있었다.

이 '도카이 지진 대책대강'이 지닌 중요한 의미는 도카이 지진 대책을 규정한 '대진법'의 골자를 지웠다는 것이다. 중앙방재회의는 2003년 7월 28일에 이 새로운 '대책대강'에 근거해 경계선언이 나올 때의 대응을 결정한 '지진 방재 기본계획'을 24년 만에 개정했다. 도카이 지진에 관한 전조 정보를 관측 정보, 주의 정보, 예지 정보의 세 종류로 나누었다. 도카이 지방의 19개 곳에 설치된 관측지점 기기 중 1개소에서 전조의 가능성을 관측했을 경우 관측 정보를 발령하고 연락체제의 강화 외에는 특별한 방재 대책은 취하지 않는다. 이상관측지점이 2개소일 경우에 주의 정보가 발령된다. 이 주의 정보가 발령되면 학생들의 귀가와 여행의 자제를 요청하거나, 구조나 구급, 의료팀의 파견 준비 등 즉시 대응할 수 있는 태세를 취한다. 그리고 이상관측지점이 3개소 이상인 경우 '판정회'를 소집해 '판정회'가 도카이 지진의 발생 가능성이 있다고 판단하는 단계에서 예지 정보를 발령하고, 이 예지 정보에 근거해 경계선언을 발령하는 구조이다.

이렇게 도카이 지진 정보를 세 단계로 나눈 배경에는 도카이 지진의 예지가 가능하다는 '예지 신화'가 붕괴 직전에 있다는 것을 뜻한다. 좋은 표현은 아니지만, '관측 정보' 정도라면 남발해도 아무도 불평하지 않는다. 그러므로 직전 예지가 사실상 어렵다고 한다면, 어차피 아웃이라 해도 조금이라도 배트를 더 휘둘러 공을 맞춰보려는 움직임이 나쁘지는 않다. 중앙방재회의는 가까운 미래에 도카이 지진 발생 후 광역 재해 대책을 규정하는 '도카이 지진 응급대책 활동요령'을 작성할 예정이라고 한다.

그러나 '대진법'이 시행된 후 25년이 지나는 동안 지진 예지의 가능성만을 좇아 꿈속에서 지진 대책을 세우고 있었다는 점은 아무리 생각해도 허술하지 않은가. 그 사이에 "내일 일어난다고 해도 이상하지 않을 정도"라고 이야기되는 도카이 지진이 실제로 일어나지 않은 것은 다행이지만, 만약 도카이 지진이 발생했다면 이 잘못된 대책이 얼마나 처참한 결과를 초래했을지 생각만 해도 아찔하다.

재해 예지의 적중률은 현 단계에서는 아무리 좋게 말해도 높다고 할 수 없다. 그러나 우리가 방재를 추진하는 과정에서 결정적이라고 말할 수 없는 그 정보를 활용해 재해 피해를 줄이는 데 도움을 줄 필요가 있다는 것은 확실하다. 방재에 절대라는 말은 없다. 조금이라도 재해의 손실을 줄이기 위해서는 전방위적인 방재망을 구축해야 한다. 재해의 과학적 예지는 그것의 중요한 일환일 수 있다. 다만 예지의 가능성에 기대는 것은 위험하다. 현대 재해과학의 성과에 근거해 발령되는 재해의 경보와 전달 방식 및 수용과정에 대해 이제부터 순차적으로 이야기하고자 한다.

재해 경보란 무엇인가

1) 경보의 기능

기상청은 재해에 의한 중대한 피해가 예상될 때 재해 경보를 발령한다. 일본의 경우 폭풍, 폭풍설暴風雪, 호우, 폭설, 파랑, 고조高潮•, 홍수 등 기상재해의 경보뿐만 아니라 쓰나미 경보도 있다. 또한 실제로 경보라는 이름으로 불리지는 않지만 도카이 지진에 관한 '경계선언' 및 화산 분화 재해와 관련해 발령되는 '긴급 화산 정보'도 경보이다. 이것들도 기상청이 발령하는 것이다.

경보의 목적은 "재해가 발생해 중대한 피해를 끼칠 우려가 있으므로 피해 경감에 필요한 행동을 하자"라는 행동 환기의 메시지를 전달하는 것이다. 이 메시지의 최종 도달점은 일반 시민이다. 기상청은 경보를 위한 직접적 수단을 갖고 있지 않기에 정부나 도도부현의 행정부서 그리고 텔레비전과 라디오 등의 매스미디어를 통해 위험지역의 사람들에게 경보를 전달한다.

하지만 경보는 위험을 고지하기는 하지만, 무엇을 해야 하는지, 무엇을 하지 말아야 하는지 등 개별 상황에 맞는 구체적인 행동 지시는 보통 포함하고 있지 않다. 따라서 그 재해에 대해 지식이 없는 사람들, 재해 경험이 없는 사람들은 곧 엄청난 재해가 닥친다는 정보를 접했다 하더

• 밀물이 들어와 해면의 높이가 가장 높은 상태.

라도 단지 곤혹스러워하며 혼란스러워할 뿐이다. 그러므로 경찰서나 소방서 등의 방재기관 및 내각부, 국토교통부, 지방행정부 등의 방재담당국, 시정촌의 소방방재과 등의 방재행정을 담당하는 국가나 지방의 행정기관이 실제로 방재 대책을 실시해 위험지역의 주민을 지원하거나 지시를 내리게 된다. 특히 경보발령 시의 정보 전달에는 매스미디어의 역할이 크다. 만약 텔레비전이나 라디오 등의 매스미디어가 지역주민이 취해야 할 행동에 대한 지시 정보를 전달하지 못할 경우 재해 경보는 재해 경감에 별로 도움이 되지 않는다고 말할 수 있다. 그 정도로 매스미디어는 중요한 역할을 한다.

또한 적절한 대응행동을 충분히 취하기 위해서는 매스미디어를 보완하는 기능으로서 가족, 친구, 지인 등의 개인 소통도 중요하다. 개인 소통의 네트워크를 통해 개인적으로 친한 사람들끼리 서로 정보를 교환하는 행위는 경보의 내용을 확인하기 위해 필요하다.

2) 조기경보는 중요하지만 세 번 내려서는 안 된다

재해가 발생한 후에 경보를 내리는 것은 너무 늦다. 재해 대책을 실시하기 위해서는 충분한 시간적 여유가 있어야 한다. 가능하면 조기에 경보를 내릴 필요가 있다. 경보는 재해가 강타할 시기와 장소, 그 규모에 관해 구체적이고 정확해야 한다. 하지만 이것이 쉽지는 않다.

이미 서술했지만, 재해 경보가 다음과 같은 순서로 발령된다는 것을 확인해두자. 우선 이상 현상이 보고된다. 그것이 태풍이나 허리케인, 사이클론 같은 기상재해라면 기상위성에서 보내오는 기상 데이터로 알아낼 수 있고, 화산 분화라면 인공위성이나 항공기의 리모트 세팅, 화구 근처에 놓인 지진계나 GPS(인공위성을 이용해 현재 위치를 정확하게 측정하는 시스템) 등의 많은 계측기기에 의해 산의 변화나 상태 혹은 지하 마그마의 이동 등을 잡아낼 수 있다. 그 외의 재해에도 이상 현상의 과학적 관측과 측정은 재해 경보를 울릴 때 빼놓을 수 없는 요건이다.

이렇게 모은 데이터를 해석한 결과 중대한 피해를 끼치는 재해가 발생할 확률이 매우 높다고 판단되는 경우, 경보발령기관(기상청)이 경보의 내용을 검토해 정리한 후에 성문화하고 경보를 공표한다. 그리고 공표한 경보는 피해가 예상되는 사람들에게 신속히 전해지는데 긴박한 상황에서 오보 없이 전달되어야 하므로, 텔레비전과 라디오 등 매스미디어를 이용할 때가 많다. 미국 등의 경우에는 전화를 이용해 자동적으로 동시에 경보를 전달하기도 한다. 그리고 동일한 시간에 행정기관에 의한 방재행동이 시작된다. 구체적으로는 경찰과 소방대원 혹은 군대의 출동을 요청하거나 시정촌의 홍보 차량과 방재무선 등을 통해 경보를 널리 알리는 등 다양한 레벨에 따라 개시된다.

재해의 비참한 결과를 예방하기 위해 경보는 중요한 기능을 맡고 있다. 피난도 구호 활동도 경보의 전달을 기다린 후 개시된다. 따라서 경보발령과 방재행동의 완료가 시간적으로 어긋나는 것을 생각하면, 가능한 신속히 경보를 내려야 한다. 다만 우려되는 점은 사람들이 피난할 수 있는 시간을 벌기 위해 빗나간 경보를 자주 남발하는 것이다. '양치기 소년 현상'을 유발하지 않기 위해서라도 빗나간 경보는 되도록 내리지 말아야 한다. 한두 번은 허용될지 몰라도 삼진 아웃이 되어서는 안된다.

비극적인 사례의 일례로 1982년 7월에 발생한 나가사키 수해를 들 수 있다. 이 수해는 나가사키 현에서만 299명의 사망·실종자를 냈다. 경보가 네 번이나 엇나간 결과, 경보 신뢰성이 무너졌기 때문이었다.

1982년 7월에 나가사키 지방은 장마 말기 무렵으로 강한 비가 내리기 쉬운 불안정한 기상 상황이었다. 나가사키 해안기상대는 7월 11일, 13일, 16일, 20일에 연달아 네 번의 홍수 경보를 내렸다. 하지만 어느 경우에도 재해는 일어나지 않았다. 경보가 발령되었지만 재해가 일어나지 않았기에 경보에 대한 신뢰성이 떨어졌다. 23일 오후 4시가 조금 지난 무렵 기상대는 다섯 번째 홍수 경보를 내렸다. 경보문은 대략 다음과 같다.

나가사키 지방은 오늘 저녁부터 내일 아침까지 때때로 천둥번개를 동반한 강한 비가 내려 산사태, 축대 붕괴, 저지대 침수, 하천의 증가 및 범람, 낙뢰 등 큰 재해가 발생할 우려가 있습니다. 충분히 경계하시기 바랍니다.

이 기상대에서 발령한 경보는 현이나 시정촌에서도 거의 소홀하다시피 가볍게 취급되었고 주민 측도 사태의 심각성을 깨닫지 못했다. 그로 인해 피난 등의 방재행동도 늦어졌다. 이때는 경보에 나온 대로 나가사키 시내에서 한 시간에 최대강우량 128밀리미터, 24시간 사이에 527밀리미터라는 기록적인 집중호우가 쏟아졌고 나가사키 각지에서 산사태와 축대 붕괴가 일어났다. 그리고 불의의 습격을 당한 많은 사람들이 희생되었다.

3) 정상성 바이어스가 경보의 신뢰를 방해한다

미국의 재해사회학자 로널드 페리Ronald Perry의 연구팀은 미국의 한 지역에서 일어난 홍수를 두고 주민들이 일으킨 착오에 대해 다음과 같이 설명했다.

> 필모어에서 약 한 달 전에 작은 홍수가 있었습니다. 그 후 또다시 홍수 경보가 발령되었지만, 많은 사람들은 이전의 경우처럼 이번에도 별로 위험하지 않다고 여기며 일상생활을 하고 있었습니다. 그런데 대홍수가 강타했습니다.

이렇게 경미한 재해의 선행 경험이 그 후의 재해를 과소평가하게 만드는 경향은, 이 책의 프롤로그에서 설명한 '정상성 바이어스'와도 깊게 연관되어 있다.

사람들은 경보를 접해도 자신에게 위험이 닥쳤다는 것을 그다지 믿지 않는다. 그로 인해 얼마 전에 경보가 빗나간 적이 있거나 경보 메시지에 조금이라도 애매한 부분 혹은 모순이 있으면 경보의 신뢰성을 의심하는 경향이 있다. 정상성 바이어스라는 우리 마음에 내장되어 있는 기능은, 원래는 우리가 과도하게 무언가를 우려하거나 불안해하지 않기 위해 작동하지만, 때로는 우리를 위험에 둔감하게 만드는 마이너스 역할도 하므로 주의가 필요하다.

하지만 아무래도 경보 전달 메시지가 애매할 수밖에 없는 경우가 있는 것도 사실이다. 예를 들어 지진이나 화산 분화처럼 현대 과학이 아직 정확하게 파악하지 못하는 재해인의 경우에는 전문가나 방재 담당자의 불명료한 발언이 오해를 초래한다. 이럴 때 중요한 것은 현 단계에서 과학적으로 무엇을 알고 있는지 무엇을 모르는지를 분명하게 말하는 것이다. 그리고 불확실한 상황이라도 아무것도 하지 않을 때의 위험이 피난 등의 방재행동을 할 때의 위험보다 훨씬 크다는 것을 납득하게끔 설명하는 것이다.

재해에 직면한 사람들은 정확한 정보를 원한다. "과학적으로는 여기까지밖에 알지 못한다"라는 전문가의 설명이나, 위험의 가능성이 있으므로 방재를 위한 행동을 시작하라는 방재행정 담당자의 설득에 대해 우리는 겸허히 귀 기울일 수 있다. 방재 담당자가 명심해야 할 철칙은 우선 방재에 대해서 아무것도 모르는 일반 시민에게 정직해야 한다는 것이다. 이 원칙이 확실하게 실행되는 경우라면 정상성 바이어스에 빠질 염려는 없다.

전달과 수용

1) 전달의 경로

재해 경보처럼 생사를 가르는 정보를 접한 경우 그 정보의 진위를 확인하기 위해 다른 루트로 정보를 체크하는 행위는 매우 일반적으로 일어난다. 더블 체크 혹은 크로스 체크라고 불리는 재확인 작업이다. 그리고 두 개의 정보 내용이 일치하면 처음으로 그 정보를 확신할 수 있다. 이 이중의 타당성 검증이 가능한지가 재해 정보를 신뢰하고 수용하게 만드는 가장 중요한 요건이다.

재해 경보는 경보발령기관에서 텔레비전, 라디오, 신문 등의 보도기관으로 전달됨과 동시에 행정기관, 경찰 및 소방기관으로도 전달된다. 이 경보 전달을 제1차 경보전달과정이라고 부른다. 보도기관이나 행정기관 및 재해대응기관도 각기 다양한 채널을 통해 주민들에게 경보를 전달한다. 이 전달과정을 제2차 경보전달과정이라고 부른다.

이 두 가지 전달과정의 특징에 대해 알아보자. 우선 제1차 경보전달과정에서 경보는 정해진 경로를 따라 매우 정확하게 전달되므로, 전달 누락이나 소음에 의한 전달 정보 방해는 거의 일어나지 않는다. 하지만 제2차 경보전달과정에서는 정보가 왜곡되거나 오보가 섞여 들 수 있다. 그리고 이 오보의 전달이 혼란을 일으킬 가능성이 있다. 경보를 받는 쪽은 다수의 불특정한 사람들이기에 더블 체크를 소홀히 하는 등의 예측 불가능한 사태가 일어날 수 있기 때문이다.

오보의 위험성이 있으므로 경보를 받는 쪽인 우리는 복수의 루트를 통해 얻은 정보를 상호 조합해 진위를 확인할 필요가 있다.

오슨 웰스Orson Welles의 라디오 드라마가 불러일으킨 '화성인의 습격' 소동이라는 유명한 실제 사건이 있다. 미국의 영화감독이자 배우, 영화 프로듀서이기도 한 오슨 웰스는 제2차 세계대전이 일어나기 전인 라디오 전성시대에 〈오슨 웰스 극장〉이라는 라디오 프로그램을 기획·방송했다. 1938년의 어느 날 영국 작가 H. G. 웰스Herbert George Wells의 『우주전쟁The War of the Worlds』이라는 작품을 라디오 드라마로 방송했다. 이 드라마는 화성인이 지구를 습격해 지구인을 살육하는 모습을 뉴스속보 형식으로 생생하게 그려내고 있었다. 침착한 청취자는 드라마 끝에 삽입된 "이것은 드라마로, 사실이 아닙니다"라는 코멘트를 듣고 드라마로서 '우주전쟁'을 즐길 수 있었으나, 지레짐작한 사람들과 단편적으로 들었던 사람들은 이 드라마를 사실로 오해했다.

하지만 라디오 드라마를 듣고 난 후 화성인의 지구 공격에 경악하기만 한 것이 아니라 이어서 바로 다른 라디오 방송으로 주파수를 돌리거나 친구에게 전화를 거는 등 여러 채널을 통해 정보를 수집해 '화성인의 습격'이 드라마라는 것을 확인한 사람들이 대다수였다. 재해 경보를 전달받을 때도 많은 사람들은 이렇게 더블 체크, 트리플 체크를 한다.

2) 오보가 실제로는 혼란을 일으키지 않는다

재해 경보를 둘러싼 오보 중 가장 문제를 일으키는 것은 앞에서 서술한 제2차 경보전달과정에서이다. 보도기관이나 행정기관이 실제로 존재하지 않는 경보를 잘못 전달해버리는 것이다. 이것은 경보를 전달하는 장치 등의 오작동에 의한 것이 많다.

예를 들어보자. 1981년 10월 31일 오후 9시경 가나가와神奈川 현 히라츠카平塚 시내의 옥외에 설치되어 있는 동보무선同報無線* 스피커에서 당시 시장이던 이시카와 교이치石川京一의 목소리로 "시민 여러분, 저는 시장 이시카와입니다. 조금 전에 내각총리대신이 대규모 지진 경계선언을 발령했습니다. 즉시 음료수, 식료품, 의료품 등을 확인하시고 언제든지 피난할 수 있도록 준비하십시오"라는 방송이 나왔다. 그리고 방송 후 삼십 분가량 지나 오보를 알아차리고 정정했다. 원인은 시청 직원이 동보무선 송신장치를 잘못 조작한 데 있었다.

하지만 오보였던 '도카이 지진 경계선언 발령' 방송을 들은 사람들 중에 정말로 경계선언이 내려졌다고 생각한 이들은 전체 시민의 4퍼센트에 불과했다는 조사 결과가 있다(도쿄 대학교 신문연구소 조사). 이 조사에 따르면 경계선언이 정말로 발령되었다고 생각한 사람들과 반신반의한 사람들이 가장 먼저 한 일은 불을 단속하고 가스를 차단한 것이라고 한다. 이어서 텔레비전과 라디오 방송, 시의 동보무선 방송에 주의를 기울였다. 이러한 복수의 채널을 통해 경보 진위 체크를 할 수 있다면 오보는 자연스럽게 오보임이 명확해져 혼란이 일어날 위험이 거의 없다.

---

* 통신사에서 지국이나 계약된 방송국 또는 신문사로 뉴스를 한꺼번에 속보速報하는 방법.

히라츠카 시의 오보 사고가 난 지 3개월 후인 1982년 1월 20일에는 도메이東名 고속도로의 관제실에서 도로 위에 낙하물이 있다는 것을 알리려고 직원이 경보장치 다이얼을 지나치게 돌린 탓에 '도카이 지진 경계 선언 발령' 표시를 내보내는 실수가 있었다. 오전 10시 25분부터 16분 동안 이 경보가 표시되었다. 그러나 이 표시에 대해 문의가 온 것은 두세 건뿐이었다고 한다. 이처럼 경보가 단독으로 전달되어도 무시되는 경향이 있다. 이 오보 사고를 통해 알 수 있는 것은, 경보가 발령되어도 사람들은 지나쳐버리거나 흘려버리는 등 주의를 환기하지 않는다는 것이다. 경보는 여러 경로로 전달되지 않으면 최종 도달점이자 필수 도달점인 일반 사람들에게까지 전해지지 않는다.

재해 경보는 여러 미디어를 통해 한꺼번에 전달된다. 그에 비해 오보를 내는 미디어는 한 개 정도인 경우가 많다. 그 때문에 잘못된 경보가 일반인에게 알려지는 기회가 적고, 또한 오보 도착 범위도 좁아서 사람들은 다른 채널을 이용하는 확인행동으로 손쉽게 오류가 있었다는 것을 파악한다. 그러므로 잘못된 경보가 일으키는 마이너스 영향을 너무 우려할 필요는 없다.

3) 방송미디어의 경보는 효과가 있다

우리가 태풍이나 홍수의 경보를 최초로 접하는 곳은 매스미디어를 통해서다. 1961년에 '카라'라는 이름의 최대 규모의 허리케인이 미국 남부에 상륙했을 때 재해사회학자 무어의 연구팀은 재해 주민들을 상대로 앙케트 조사를 벌였다. 그 조사 결과에 따르면 허리케인에 대한 정보를 최초로 접한 곳이 텔레비전이라고 대답한 사람이 55퍼센트, 라디오라고 대답한 사람이 33퍼센트로 방송미디어가 압도적으로 많았다. 기상대나 지방행정기관에서 얻었다고 대답한 사람은 각각 1퍼센트 미만이었다. 이어서 무어 팀은 경보를 전달하는 미디어로는 무엇을 가장 신뢰하는지를 질문했다. 가장 신뢰할 수 있는 미디어로 텔레비전을 꼽은 사람이 61퍼센트, 라디오라고 대답한 사람이 30퍼센트로 양쪽을 합해 90퍼센트가 넘었다. 방송미디어가 경보전달수단으로 얼마나 유효한지, 또한 방송미디어가 일반 시민에게 얼마나 신뢰받고 있는지를 확인할 수 있는 조사였다.

방송미디어에도 결점이 없는 것은 아니다. 방송은 영어로 브로드캐스트^{Broadcast}이고, 브로드라는 말은 넓다는 의미이므로 방송미디어는 광역 전체를 커버하기에 적절하고 편리하다. 그러나 좁은 범위에 사는 사람들에게 개별 사정에 맞는 정보를 전달하기에는 다소 적합하지 않은 면이 있다. 1979년 10월 기소온타케木曾御岳 산이 분화했을 때 우리 팀은 피해지역에서 앙케트 조사를 했다. 분화 시 무엇을 해야 하는지 등의 행동지침을 얻을 때 어떤 미디어가 유용했는지를 물었다. 응답자 548명 중 63퍼센트의 사람들이 촌村 사무소의 유선방송이 가장 도움이 됐다고 답했다. 이어서 텔레비전이 26퍼센트, 라디오가 1퍼센트로 마을의 현황을 숙지하고 있는 촌 사무소의 매우 세심한 재해대응 지시가 가장 유효했다고 높게 평가했다.

전파방송 미디어는 넓은 영역까지 일률적으로 경보 메시지를 전달하는 것에는 유용하다. 하지만 더 구체적인 방재 대응을 전하는 매체로서는 좁은 지역의 지형이나 재해의 취약성을 고려할 수 있는 유선방송 같은 좁은 영역을 커버하는 방송미디어가 더 효과적이라는 것을 알 수 있다.

앞으로 경보를 전달하는 수단은 광역방송 Broadcast과 유선방송 Narrowcast 둘 다의 병용을 고려해야 할 것이다. 전체 상황을 파악하기 위해서는 광역적인 관점에서 재해 경보를 송출하는 미디어와 더 자세한 재해 정보를 전달할 수 있는 지역 미디어 양쪽 모두가 필요하다. 이런 요구를 담은 목소리를 1982년 7월 나가사키 수해 피해지와 같은 해 8월의 태풍 10호에 의한 집중호우 피해지에서는 물론 그 외의 많은 재해 피해지에서도 공통적으로 들을 수 있었다. 광역방송, 유선방송에 의한 재해 경보와 방재 정보의 제공은 피해자들에게 매우 절실한 정보 니즈needs이다.

최근에는 광역방송도 재해 시에 특정 지역이나 특정 사람들을 위한 방송을 할 수 있게 되었다. 방송미디어가 재해 경보의 전달만이 아니라 지역 특성을 포함한 방재나 재해 후의 생활에 필요한 정보를 제공하고 있는 것이다. 새로운 역할을 맡은 광역방송 미디어는 재해 후의 혼란을 방지하는 데 도움을 준다. 1982년 7월 나가사키 수해 때의 나가사키 시, 1983년 5월 동해 중부 지진 때의 아키타 시, 1995년 1월 한신 대지진 때의 고베 시 등 각 피해지에서는 NHK를 시작으로 여러 민영방송국이 '찾는 사람', '안부 확인', '지역 피해상태 연락', '생활정보 제공' 등 개인

정보나 지역에 한정된 정보를 장시간에 걸쳐 방송하는 것으로 피해자들의 불안을 경감시키고 사기 진작에 공헌했다. 이러한 시도는 광역방송이 지역방송을 겸해 사람들의 정보 니즈에 부응하기 위한 것이므로 크게 환영할 만한 재해 대응이라고 할 수 있다.

4) 상상이 만들어내는 경보: 재해 시의 유언비어

재해 시에는 데마고기^{demagogy}●가 난무하는 경우가 많다. 이를 재해 시의 유언비어라고도 한다. 긴박한 사태에 놓인 사람들은 주위의 상황을 이해할 단서도 없고 정확한 정보도 부족한 상태에서 현 상황에 맞는 어떤 해석을 하기 위해 피해자들끼리 서로 소통하게 된다. 이 과정에서 점점 만들어지는 허구, 사실에 근거하지 않은 '이야기'를 재해 시의 '데마고기' 혹은 '유언비어'라고 부른다. 진위 판정이 어려운 상황에서 상당히 그럴듯한 이야기이므로 많은 사람들이 현혹될 위험이 다분하다.

또한 유언비어를 만들어내는 사람들은 자신들이 창작한 이야기를 믿는 것으로 무의식적으로 문제를 바꿔치기한다. 거기에서 새로운 '진짜' 불안의 원인을 찾아내어 불안을 해소하려는 행동을 하는 것이다. 한신대지진 때는 가스탱크가 폭발한다는 유언비어가 돈 적이 있다. 이러한 유언비어도 위험하지만 때에 따라서는 위험도가 훨씬 높은 유언비어가 유포되어 비극적인 참사가 일어나는 경우도 있다. 재해에 의해 발생한

● 대중을 선동하기 위한 정치적인 허위 선전이나 인신공격.

스트레스를 희생양에 대한 공격으로 해소하려는 것이다. 희생양이란 '제물로 바치기 위해 희생되는 양'이라는 의미로 스트레스나 공격의 목표물로 박해나 학살을 당하는 차별받는 소수자나 약자를 뜻한다.

일례로 1923년 9월 관동 대지진 직후 피해지에서는 조선인들이 우물에 독을 풀었다는 유언비어가 돌아, 이 유언비어를 믿은 사람들이 수많은 조선인과 중국인을 살해했다. 유언비어가 만약 항간의 이야기처럼 정치적인 의도로 유포된 것이 아니라 자연발생적으로 일어났다고 가정해보자. 대형 재해로 인해 육친과 재산 등 많은 것을 잃고 현재와 미래가 완전히 박탈되어 공포와 불안에 떠는 서민들의 불안정한 심리가 희생양을 만들었다고 생각해보자. 이러한 유언비어는 불안의 이유를 설명하고 피해자의 공포를 합리화하기 위한 집단적 커뮤니케이션 과정에서 창작된다고 볼 수 있다.

페스트가 날뛰던 중세 유럽에서는 비슷한 유언비어가 유대인을 향했다. 유대인이 우물과 공기를 더럽히고 있다는 유언비어가 유포되어 대학살이 자행된 것이다. 14세기의 독일에서는 유대인이 몰래 페스트를 퍼트리는 음험한 신의 모독자로 지목당해 수천 명 단위로 무차별적인 화형을 당했다고 한다.

재해 시에 유언비어가 발생하지 않도록 하려면 방송미디어를 중심으로 한 매스미디어가 사람들의 정보 니즈에 부응하는 정확한 정보를 제공해야 한다. 매스미디어는 단순히 경보를 전달하는 매체에 머물지 않기에, 정보의 공백을 만들지 않는 것이 반드시 필요하다. 재해의 위협이 있으면 비일상적이고 강렬한 스트레스로 인해 정상적인 소통이 불가능하게 되어 사람들의 시야가 협소해진다. 동시에 온갖 관심을 재해에만 집중하기 때문에 분별력 있는 생각으로 진위를 판단할 여유가 없어진다. 이로 인해 악질의 유언비어가 발생해 유포될 위험이 증가한다.

만약 유언비어가 발생해 혼란이 생긴 경우에는 정확한 정보를 가능한 한 많은 미디어가 반복해서 사람들에게 전달하는 것이 유언비어를 해소하는 최선의 방책이다. 잘못된 정보를 제거하고 혼란을 진정시키기 위해 정확한 정보를 신속하게, 그리고 훨씬 더 대량으로 전달하는 것이 가장 좋다.

리스크 커뮤니케이션의 필요성

우리는 자기 주변의 재해 리스크(재해 위험)에 대한 정보를 원한다. 예전에는 일반 시민에게 섣불리 재해의 위험을 공개하면 쓸데없는 혼란만 불러일으킬 것이라는 잘못된 상식을 갖고 있었다. 하지만 현재 일본의 경우 정보 공개를 원하는 여론을 적극적으로 수용하는 쪽으로 행정의 자세가 크게 변화했다. 방재를 담당하는 중앙부처나 지방자치단체가 지진과 분화, 태풍, 수해 등의 재해 위험을 분명하게 알려주는 해저드 맵 hazard map(재해예측지도)을 작성해 공표하는 자세로 180도 전환한 것이다.

우리는 재해 위험을 피할 수 없다는 것을 잘 알고 있고 또한 재해 위험을 정확하게 인식하는 것의 이점도 충분히 알고 있다. 사회나 경제를 혼란시킬 것을 우려해 해저드 맵을 공표하지 않으려는 전문가(및 행정기관)의 태도는 이제 허용되지 않는다. 오히려 일반 시민은 재해 위험에 적절히 대응하기 위해 리스크를 제대로 알아야 한다는 확신을 가지고 있다. 정확하게 재해 위험을 아는 것이 정확하게 재해에 대비할 수 있는 필요조건이다. 이 필요조건을 만족시키려면 해저드 맵의 공개를 포함해 리스크 커뮤니케이션*이 전문가(및 행정기관)와 일반 시민 사이에서 이루어져야 한다. 리스크 커뮤니케이션이란 전문가(및 행정기관)와 재해과학에 문외한인 일반 시민이 재해가 불러올 위험에 대해 상호소통을 반복해 위험에 대한 인식을 공유하는 작업이다.

현대 과학으로 알 수 있는 것과 일반 시민이 원하는 정보 니즈가 포개어지면 재해에 대한 합리적인 이미지가 형성된다. 동시에 리스크 커뮤니케이션에 의해 상황에 맞는 최고의 방재 대책을 실시할 수 있게 될 것이다. 과학의 한계를 충분히 인정하고 또한 일반 시민의 직관과 경험을 중시해 리스크 커뮤니케이션을 심화시킴으로써 더 좋은 방재체제를 만들어나가는 것이 필요하다.

● 일반적으로 리스크 커뮤니케이션이란 보내는 사람에게 유용한 정보만이 아니라, 마이너스 정보나 네거티브한 정보까지 포함해 리스크를 정확하게 전달하는 것을 말한다.

4

패닉이라는 신화

패닉이란 무엇인가

1) 장막 뒤에 숨겨진 모습

이미 이 책의 프롤로그에서 패닉이라는 어원이 그리스 신화의 반인반수 '판'에서 유래했다고 쓴 바 있다. 원어가 신화에서 온 탓인지 패닉이라는 말에는 뭔가 신비로운 요소가 얽혀 있다. 지진이나 분화도 두렵지만 재해 시의 패닉이 더 두렵다는 사람들이 있다. 사실은 어떨까. 패닉이 왜 그렇게 두려운 걸까. 실제 이상으로 패닉을 공포스러워하는 건 아닐까. 상상 속의 괴물을 무서워하는 것과 같은 심리가 작동하고 있지는 않을까.

영화나 텔레비전 드라마에서는 고층빌딩 화재나 해난 사고, 항공기 사고 등에서 사람들이 우왕좌왕하며 도망치는 모습을 박진감 있게 연출한다. 소위 패닉 영화를 보러 가고 싶어 하는 사람들이 많은 것은 패닉을 무서워하면서도 무서운 걸 보고 싶어 하는 심리가 작동하기 때문일 것이다. '타자의 패닉'을 기대하는 심리가 우리 마음속 어딘가에 있을지도 모른다.

패닉이란 각 개인이 자기 자신의 안전을 위협하는 사태를 피하기 위해 타자의 안전을 무시하는 행위로, 비합리적이고 무질서한 행동의 집적이다. 이러한 집합행동collective behavior이 '패닉 신화의 세계'에서는 흉폭

하고 잔인한 이미지로 표상된다. 사회심리학자 닐 스멜서[Neil J. Smelser]는 패닉을 간결하게 "히스테릭한 신념에 근거한 집단적인 도주행동"이라고 정의한다.

패닉의 공포심을 부추기는 것은 영화나 매스컴뿐만이 아니다. 일부 재해과학 전문가나 방재행정 담당자조차도 패닉의 위험성을 강조한다. 그리고 종종 위험한 상황이 닥쳤을 때 패닉을 피하려다가 피난이 늦어져 그로 인해 치명적인 실수를 초래하는 경우마저 있다.

1977년 5월 미국 신시내티 시 교외에서 일어난 비벌리힐스 서퍼 클럽 화재의 경우가 바로 그것이다. 초만원의 카바레 연회장에서는 유명한 엔터테이너의 디너쇼가 열리려던 참이었다. 화재가 발생한 것은 바로 그때였다. 서퍼 클럽 종업원이 화재 발생 정보를 클럽 내에 전달했으나, 전달된 메시지에는 긴박감이 부족했다. 어느 방에서 테이블보가 타고 있는 정도의 인상을 줘서 금방이라도 불을 끌 수 있다는 기대를 갖게 하는 내용이었다. 카바레 연회장을 가득 메운 고객은 그대로 안심하고 쇼를 즐겼다.

한 종업원이 카바레 연회장 입구에 서서 화재가 발생했음을 큰 소리로 알렸다. 하지만 이어서 그의 입에서 나온 말은 "작은 화재입니다. 불이 난 곳은 여기에서 꽤 멀지만, 지금 피난해주시기 바랍니다"라는 어디까지나 모순된 경고였다.

연기 중이던 코미디언이 말을 받아 "작은 화재이고 건물 반대편 코너에서 난 화재이므로 위험하지 않습니다만 피난해주세요. 불이 꺼지면 다시 쇼를 시작하겠습니다"라고 했다.

종업원도 코미디언도 1,350명의 사람들이 혼란을 겪고 패닉에 빠질 것을 우려한 것이다. 피난을 지시한 말에 긴박감이 결여돼 있었기 때문에 관객의 피난은 천천히 진행되었다. 앉은 채로 칵테일을 마시거나 담소를 나누는 사람들도 상당수 있었다.

그러는 와중에 갑자기 검은 연기가 실내에 들어오기 시작했다. 그리고 제때 도망치지 못한 164명이 사망했다. 패닉을 염려한 나머지 위험의 크기를 완화해 전한 탓에 심각한 상황이 제대로 전달되지 않아 많은 사상자가 발생한 것이다. 패닉을 일으킬 위험이 있는 하드랜딩(경착륙)을 피하기 위해 부드러운 소프트랜딩(연착륙)을 하려던 결과는 충돌이었다. 부서져버린 것이다. 패닉을 두려워하다가 대참사를 일으킨 대표적인 사례이다.

그렇다면 패닉이란 무엇일까. 많은 사람들이 밀집한 장소에서 일어나는 패닉은 어떤 비밀스러운 뉘앙스를 풍긴다. 재해나 사고가 일어나면 우리의 상상을 뛰어넘는 불가사의하고 이상한 사태가 발생해 대혼란 속에서 많은 사상자가 속출하는 이미지가 그려진다. 정말 그런 것일까.

2) 이해할 수 없는 이상한 사건과 희생양 만들기

자신이 저지른 어떤 과실로 인해 실패나 사고가 생긴 경우, 그 책임을 다른 사람에게 돌리려고 하는 것은 흔히 있는 일이다. 책임을 전가하는 것이다. 회사에서도 친구 사이에서도 가족 안에서도 중대한 것부터 사소한 것까지 다양한 책임 전가가 일어난다.

그런데 다음과 같은 경우를 생각해보자. 어떤 사고나 사건에 자신의 책임은 없지만, 그 원인을 밝혀 어떻게든 합리적인 설명을 하고 싶다는 생각이 들었다고 해보자. 요컨대 실제로 일어난 중대한 사건과 현상에 대해 어떻게든 스스로 납득할 만한 원인을 밝히고 싶다고 가정해보는 것이다. 하지만 실제로는 아무리 해도 진짜 원인이 밝혀지지 않는다. 그런 경우 우리는 과연 어떻게 될까. 알 수 없는 원인으로 인해 신경이 점점 바싹 타들어가며 욕구불만은 더욱 강해질 것이다. 긴장상태가 지속되어 몹시 피로가 쌓이는 사이 합리적이고 확실한 증거는 아니지만 심리적으로는 뭔가 납득이 가는, 우리가 지닌 비뚤어진 인지, 다시 말해 편견이라 할 법한 가짜 원인을 무의식적으로 찾아내려고 노력하게 된다. 그리고 그 일의 원인으로 여겨진 상대나 대상이, 우리가 품은 혐의를 부정할 힘이 없어 우리를 공격하거나 강하게 반론하지 않는 사이 우리는 독단적이고 안하무인으로 행동하게 된다. 즉 자신이 상처받을 염려 없이 다른 이들도 "역시, 그럴 줄 알았어"라고 말할 만한 사람이나 대상을 찾아서 "이것이 범인이야"라고 외칠 수 있게 된다. 여기에서 지명된 것은 말하자면 신에게 바쳐지는 '희생제물의 산양'처럼 희생양으로서의 표적이 되는 것이다.

이어서 특정한 사람이 사고의 희생양이 되거나, 패닉이 대형 사고의 희생양이 되는 경우에 대해 설명해보겠다.

3) 갈색머리가 범인이다

육교 위에서 사망자 11명, 중경상자 247명이 발생한 이상한 사고가 2001년 7월 효고兵庫 현 아카이시明石 시의 불꽃축제에서 일어났다. 불꽃축제는 7월 21일 오후 7시 45분부터 8시 30분까지 45분간 진행될 예정으로 열렸다. 축제장 근처에는 JR 열차의 아사기리朝霧 역과 불꽃축제 장소였던 아카이시 해협에 면한 오크라 해안을 잇는 길이 100미터, 폭 6미터의 육교가 있었다. 그곳에서 불꽃축제 종료 시각인 8시 반경부터 귀가를 서두르는 관광객들과 축제가 끝났으나 아직 영업 중이던 야간 노점상, 여름 해변을 산책하려고 축제장으로 향하는 사람들에 의해 심한 정체 현상이 일어났다. 육교는 오크라 해안으로 내려가는 부분에서 직각으로 꺾여 있었는데 이곳에서 군중의 정체停滯를 불러오는 병목현상이 일어나고 있었다. 그리고 불과 바로 앞은 육교 폭의 반밖에 안 되는 폭 3미터의 계단이었다.

아카이시 시가 꾸린 전문가로 구성된 사고조사위원회의 보고서에 따르면, 오후 8시 45분부터 50분 사이에 이 병목현상 근처는 1세제곱미터당 13명에서 15명이라는 매우 과밀한 상태였고, 당시 그 장소에 있던 사람의 흉부에 폭 1미터당 4백 킬로그램의 압력이 가해졌다고 추정되었다. 이러한 과밀 상태는 어른이 선 채로 실신할 정도로 엄청난 것이다.

육교가 계단에 접하기 직전 병목현상이 일어났던 부분과 48단으로 된 층계 부분이 불꽃이 잘 보이는 절호의 장소였기 때문에 선 채로 불꽃놀이를 즐기던 사람들이 많았다. 또한 층계가 시작되는 입구에 노점상

아카이시 육교 사고 상황　　　　　　2001년 7월 21일(토요일)

(사고조사위원회의 보고서에서 작성)　　오후 8시 45분~50분

　　　　　　　　　　　　　　　　　사망자 11명, 부상자 247명

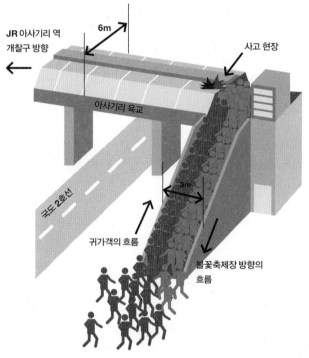

사고 발생 요인

1. 육교의 폭 6미터에 비해 계단의 폭이 3미터밖에 안 됐다.

2. 군중이 불꽃축제를 보기 위해 육교의 가장자리와 계단에 멈추는 바람에 흐름이 막혔다.

3. 늘어선 노점상이 정체된 계단에서 내려오는 군중에게 방해가 되었다.

그림6　아카이시 육교 사고 현장 파악 지도

이 늘어서 있던 탓에 사람들의 흐름이 거기에서 한층 정체되어 혼잡은 가속되었다. 사고가 일어난 장소에서는 매우 과밀한 상태로 인해 거의 양발이 지면에서 들려 올려갈 정도가 된 군중이 어떤 계기로 '군중 사태'를 일으켜 점점 밀려들게 되었다. 먼저 예닐곱 명이 쓰러지고 이어서 3백 명에서 4백 명의 사람들이 그 속으로 휘말렸다. 사망자 11명 중 0세부터 9세까지의 아이가 9명, 71세와 75세의 여성이 각각 한 명씩이었으니, 주로 아이와 노인이 희생되었다. 사인은 대부분 흉부압박에 의한 질식사였다.

이 사고의 최대 원인은 15만 명의 입출 인원을 예상했던 경비를 총괄한 경비회사와 아카이시 시, 그리고 경찰이 사전에 충분한 경비계획을 세우지 않고 통제 없이 육교로 군중을 들여보낸 것에 있었다. 경비를 맡은 이들이 육교 위에서 '군중 사태'가 일어날 것을 예상하지 못한 것이다. 경찰의 관심이 온통 폭주족 대책에 쏠려 있었던 것은 준비가 부족했다고 할 수밖에 없다. 명백히 인재로 인한 대규모 사상 사고였다.

이 사고와 관련해 매우 우려할 만한 일이 벌어졌다. 그것은 시측과 경비를 총괄한 경비회사가 사고 후에 입을 맞춰 사고 원인을 다른 곳으로 전가하려 했다는 것이다. 먼저 경비원을 실제보다 19명이나 부풀려 발표한 것은 중대한 문제였다. 경비에 만전을 기했다는 점을 알리려 한 것이다. 그보다 더 큰 문제는 경찰이 폭주족 대책에 경비의 주력을 기울였다고 조작하기 위해 시와 경비회사가 갈색머리 젊은이가 난동을 부린 것이 사고 원인이라고 담합했다는 사실이다. 갈색머리 젊은이를 희생양으로 만들어 책임을 피하려 한 것이다. 그 시나리오에 맞춰 매스컴 발표도 했으나, 이 발표가 위조였다는 것이 그 후 경찰 조사에서 밝혀졌다.

경비를 총괄한 주식회사 닛칸이 발표한 '사안보고서'에는 다음과 같이 기재되어 있었다. "20시 30분 '육교 위 손님에 대한 경비원 보고, 육교 위 젊은 남성이 난동을 피우고 있음. 싸우고 있음. 부상자가 다수, 사람이 쓰러지고 있음 등' '육교 위에 젊은 남성(갈색머리), 여러 명이 큰 소리를 지르고, 주변 사람들을 들이받고, 육교 천장으로 기어오르고, 기동대에 고함치고, 주변 사람들은 비명과 혼란.'" 그리고 그렇게 매스컴에 발표했다. 순전히 창작한 것이었다.

텔레비전도 신문도 이 발표를 따라 갈색머리 범인 찾기를 시작했다.

경찰 조사로 이것이 완전히 꾸며낸 이야기라는 것이 밝혀지지 않았다면 아카이시 육교 사고의 범인으로 갈색머리 젊은이가 희생양이 될 뻔했다.

방심해서는 안 될 것은 시와 경비 책임을 맡은 기업조차도 실패를 감추기 위해 아무렇지도 않게 거짓말을 한다는 것이다.

4) 코코넛 그로브 대화재 : '범인은 패닉'설의 탄생

이번에는 미국 역사상 최대의 화재를 둘러싸고 전개된 패닉 원인설의 전말에 대해 이야기해보자.

1942년 11월 어느 토요일 밤이었다. 잘 차려입은 남녀 손님들로 넘쳐나던 미국 보스턴 시의 유명한 나이트클럽인 코코넛 그로브에서 이날 밤 5백 명에 가까운 사람들이 사망하는 대화재가 발생했다.

발단은 웨이터 아르바이트를 하던 열여섯 살 소년이 전구를 바꿔 끼기 위해 손 주변을 밝게 하려고 성냥을 켠 것이었다. 실내장식이자 이 나이트클럽의 이름이기도 한 인공적인 코코넛 나무에 성냥불이 붙었다. 불은 곧 벽과 천장을 타고 확산되었다. 불이 난 후 불과 이십 분 만에 연회장 안에서 450명이 사망했고, 병원에 실려 간 38명이 추가로 사망했다. 결국 총 488명이 사망했으며 사인은 연소 시에 발생한 유독가스에 의한 중독사였다.

누가 그리고 무엇이 5백 명에 달하는 사람들을 죽인 것일까. 경찰과 매스미디어가 범인 찾기를 시작했다.

최초로 거론된 것은 화재의 직접적인 원인을 제공한 열여섯 살의 웨이터였다. 주말에만 여기에서 아르바이트를 하고 있는 고등학생이 범인으로 지목된 것이다.

이 소년의 사진이 신문 1면을 장식했지만, 자신이 화재를 일으킨 것을 순순히 인정할 정도로 정직하고 병을 앓고 있는 엄마를 간호하며 아르바이트에서도 성실했던 성적 우수한 고교생에 대한 동정의 목소리가 높아졌다. 곧 이 소년에 대한 비난을 멈추고 방향을 전환해 다시 새로운 범인을 찾기 시작했다.

이어서 혐의를 받은 것은 이 나이트클럽에 경영 허가를 내준 감독관청, 특히 소방서였다. 화재가 발생한 날로부터 약 일주일 전에 소방서는 코코넛 그로브를 사찰했고, 방재시설에 문제가 없다고 판단했기 때문이다. 법률적으로 코코넛 그로브는 당시 소방법에 의한 소방기준을 통과했다. 그리하여 이번에는 클럽 오너에게 창끝이 향했다.

이 나이트클럽의 오너가 유대인이라는 것에서부터 그의 악덕한 행태 등이 비난받았다. 그날 밤도 좌석수를 상당히 초과해 손님을 입장시켰다는 것이 문제가 되었다. 불이 난 밤 10시경 그는 클럽에 없었다. 안전 관리는 그의 형제와 부하에게 맡겨놓았다. 그런데 검찰이 기소한 것은 오너 한 사람뿐이었다. 클럽 현장책임자도, 소방사찰관도, 경영 허가를 내준 시청 담당자도 형사책임을 추궁당하는 일은 없었다. 클럽 오너는 19개의 죄목에 근거해 살인죄로 유죄 판결을 받고 형이 확정되어 형무소에 투옥되었다. 하지만 단지 오너 한 명만이 5백 명의 죽음에 책임이 있는 범인일까. 이러한 의문은 사람들의 가슴에 꺼림칙함을 남겼다.

여담이지만 같은 일이 일본에서도 일어난 적이 있다. 1982년 2월 도쿄에서 33명이 사망한 호텔 뉴재팬 화재 사건이 발생했다. 이 당시 호텔 오너의 책임이 여론의 엄격한 비판을 받았다. 그는 소방서가 내린 세 번의 권고와 지시를 무시하고 철저해야 할 안전 대책을 방치했다. 대참사는 영리 위주의 경영이 초래한 일어날 수밖에 없었던 사고라고 볼 수 있다. 그러나 그가 받은 것은 고작 금고 3년의 실형 판결이었다. 안전 경시는 사고 발생 위험을 높이지만 그것만으로 재해가 일어나는 것은 아니다. 호텔 오너 한 사람에게 33명이 목숨을 잃은 책임을 다 떠넘길 수 없는 것도 사실이다. 대형 사고나 재해는 자연환경, 인위적 과실, 우연한 요소 등이 복잡하게 얽히기 때문에 발생한다. 원인을 특정하기란 어렵다. 거기에서 패닉 원인설이 개입할 여지가 생기는 것이다.

사회심리학자 벨포트Helene Rank Veltfort와 리George E. Lee 두 사람은 패닉 신화가 번창하는 데 가장 깊이 관련된 연구자로 기억할 수밖에 없는 인물들이다. 그들은 이 코코넛 그로브 대화재의 원인을 검토한 후 5백 명에 가까운 엄청난 사망자가 발생한 원인은 클럽 오너나 웨이터, 소방서나 시청 직원 등 개별에게 있는 것이 아니라 패닉에 있다고 결론 내렸다.

하지만 어째서일까. 잘 생각해보면 희생자 중에 유독가스에 의한 사망자가 많았다는 것은 희생자 다수가 패닉을 일으키기 전에 운동기능을 빼앗겨 사망에 이르렀을 가능성이 있다는 것이 아닐까. 벨포트와 리 두 사람은 대화재를 낳은 원인의 '족적'을 따라갔으나 결국 도중에 놓치게 되었다. 여러 가지 원인을 끼워 넣어도 그 총계가 방정식의 우변에 놓인 희생의 규모에 어울리지 않을 때 좌변과 우변의 균형을 맞추기 위해 좌변에 패닉이라는 요인을 추가하게 된다. 심리의 방정식이 성립될 수 있도록 패닉이 희생양으로 첨가되어 상징적인 원인이 되는 경우가 많은 것이다. 하지만 패닉에 책임을 전가하는 것은 안이한 태도이다.

나는 패닉이 존재하지 않는다고 말하는 것이 아니다. 곧 이어서 설명하겠지만 몇 개의 조건을 갖춘 경우에는 패닉이 일어날 가능성이 높다. 하지만 확실한 검증을 거치지 않았다면 패닉 유무를 판단하기는 불가능하다.

재해나 사고를 당했을 때 심각한 결과와 경미한 원인의 갭을 무언가로 메우고 싶다는 유혹이 생긴다. 하지만 유혹에 넘어가면 재해와 사고의 중층적이고 복합적인 구조에 다가서는 것은 불가능해진다. 패닉이란 단어의 라벨을 아무데나 붙이는 것은 사태를 애매하게 해 문제를 호도할 우려가 있기에 주의해야만 한다.

패닉이 발생할 때

1) 패닉이 발생하는 네 가지 조건

패닉이 일어날 때는 다음에 서술할 네 가지 조건이 거의 대부분 성립되는 경우이다. 다시 말하면 이제부터 설명할 네 가지 조건이 패닉 발생의 필요조건이라고 할 수 있다.

이에 대해 순차적으로 설명하겠지만 주의할 것은, 이 모두가 사람들의 의식 상태와 직접적으로 연관되어 있기에 외부적이고 객관적인 상황은 간접적인 연관 정도만 갖는다는 점이다. 즉 그것이 패닉 발생의 조건에 관련된 문제인 경우에는, 현실에는 존재하지 않더라도 그 존재를 주관적으로 확신해버리면 패닉 발생의 조건을 충족시킬 수 있다는 뜻이다.

우선 첫 번째 조건은 긴박한 상황에 놓여 있다는 의식이 사람들 사이에서 공유되어 많은 사람들이 위협이 닥쳤다고 느낄 때다.

예를 들어 많은 사람들이 화성인의 습격을 사실이라고 믿는다면 어떤 일이 벌어질까. 실제로 패닉이 발생할 수 있을 것이다. 3장에서 서술한 오슨 웰스의 라디오 드라마는 그것을 사실이라고 믿은 사람들에게 혼란을 불러일으켰다. 이 드라마를 듣고 픽션을 사실이라고 오해한 사람들 중에는 지극히 소수지만 패닉 상태가 되어 인류와 지구의 멸망을 믿고 가족 동반자살 직전까지 갔던 사람도 있었다고 한다.

전쟁 중에 패닉이 빈번하게 발생한다는 사실은 널리 알려져 있다. 전투장에서는 '전의戰意'라고 하는 분위기가 중요한 의미를 가진다. 고조된 전의와 위축된 전의가 사소한 계기로 성쇠를 반복하기 때문이다. 그리스 시인인 호메로스의 트로이 전쟁서사시 『일리아스』에는 의기를 상실한 그리스군과 트로이군의 영웅을 각각 편드는 올림퍼스 신들이 등장하는데, 신들이 영웅을 지키기 위해 혹하고 숨을 불어넣어 용기를 충만하게 만들거나 적을 속여 패닉에 빠지게 한다.

다음은 전장에서 발생한 패닉의 이야기다.

지금의 시즈오카 현의 후지富士 강 하구 부근에서 1180년 10월 다이라 고레모리平維盛 가와 미나모토 요리토모源頼朝 가의 후지 강 전투가 있었다. 야간에 미나모토 군의 일부가 다이라 군의 뒤편으로 돌아 들어가기 위해 이동하던 중 후지 강 하구에서 휴식을 취하던 물새 떼가 한꺼번에 날아올랐다. 그 날개 소리를 미나모토 가의 총공격으로 착각한 다이라 가의 전군은 대열을 흐트러트리며 도주했다. 전장에서는 언제나 군대가 이동하기 마련이지만, 소부대의 이동을 총공격이라고 속단해 패닉에 빠진 사례이다.

패닉 발생의 두 번째 조건은 위험을 피할 방법이 있다고 믿을 때다.

만약 절대로 빠져나갈 수 없고 빠져나갈 기미가 보이지 않는다는 확신이 들었다고 해보자. 그럼 우리는 도주를 단념하고 포기와 수용의 자세로 그 위험을 받아들이거나, 등을 돌리는 대신 죽을 각오를 하고 정면으로 맞서거나 둘 중에 어느 한쪽을 취할 것이다. 이럴 때는 탈출로를 찾아서 먼저 도망가려고 우왕좌왕하는 패닉은 일어나지 않는다.

잠수 중에 사고가 일어나 위로 올라갈 수 없게 된 잠수선 안에서는 패닉이 일어나지 않는다. 탈출로가 없기 때문이다. 탄광 등의 갱내 사고, 항공기·우주선 사고 등에서도 그렇다. 탈출로가 없다는 것을 조난자도 이해하고 있으므로 탈출을 포기해버린다.

고층빌딩 화재에서 구출될 가능성이 없는 사람들이 고층에서 뛰어내리는 행동은 패닉에 의해서가 아닐까, 라는 의문이 들 것이다. 하지만 이 경우에 고층 유리창을 깨고 뛰어내리는 것은 뜨거운 열기와 가득 찬 연기에 호흡이 힘들어진 사람들이 본능적으로 하는 '죽음의 탈출'일 뿐 패닉 행동이 아니다.

세 번째 조건은 탈출은 가능하지만 안전은 보장할 수 없다는 강한 불안감이 들 때다. 예를 들어 탈출로가 좁고 공간적인 제약이 있어 정해진 틈만 이용해야 하거나 시간적으로 긴박한 상황일 경우 탈출이 용이하지 않고 안전한 탈출이 현실적으로 곤란할지도 모른다는 걱정과 두려움을 많은 사람들이 공유하고 있는 상황인 것이다.

나는 대학 세미나에 참가한 학생들에게 단순한 실험을 한 적이 있다. 그 실험에 대해 간단히 설명하겠다. 입구가 넓은 원형 유리병 속에 직경 1센티미터 정도의 목제 구슬을 넣고, 학생들에게 긴 젓가락을 이용해 구슬을 집어 근처의 접시 위로 옮기는 작업을 시켰다.

처음에는 전원에게 각자 한 사람씩 5분간 정확하게 시간을 재면서 몇 개의 구슬을 집는지를 세라고 지시했다. 이것을 단독조건이라고 부른다. 이 단독조건을 경험한 전원에게 다음과 같은 추가 작업을 요청했다. 우선 두 명씩 짝을 지어 동시에 구슬을 집어 올리는 작업을 설명한 후 전원을 두 개의 그룹으로 나누었다. 한 그룹은 5분간 둘이 협력해 되도록 많은 구슬을 집을 수 있도록 서로 노력하라고 지시했다. 이것을 협력조건이라고 부른다. 다른 그룹은 둘이 서로 라이벌 의식을 갖고 5분간 각자 더 많이 집을 수 있도록 경쟁하라고 지시했다. 이것을 경쟁조건이라고 부른다.

실제 결과는 예상대로였다. 두 명이 협조한 협력조건에서는 한 사람당 집어 올린 구슬 수가 단독조건에서 혼자 집은 구슬 수와 거의 비슷했다. 두 명이 동시에 젓가락을 병에 넣어도 의견을 나누는 등의 공동 작업을 했기에 집어 올리는 것이 순조로웠다. 그러나 경쟁조건의 결과는 전혀 달랐다. 이웃은 적이고 이겨야만 하는 상대다. 한 사람이 구슬을 집으려고 하는 사이에 다른 한 사람이 강제로 젓가락을 넣어 작업을 방해하거나 서로의 젓가락이 닿아 꺼낸 구슬이 도로 떨어지는 장면이 빈번했다. 그리고 결국 이 경쟁조건에서는 한 사람당 취득한 구슬의 평균

개수가 단독조건에서 짚은 수보다 한참 부족했다.

위험이 닥쳐오고 그 위험을 벗어날 길이 있다고 믿는 사람이 있다고 가정해보자. 만약 그 사람이 위험에서 탈출하기 위해 '빠른 사람이 이긴다', '요령 있는 사람이 더 유리하다'는 경쟁조건을 떠올린다면 어떤 일이 벌어질까. 패닉이 발생할 위험을 증가시킬 것이다. 만약 당황하지 않고 경쟁의식 없이 먼저 도망가려고 탈출구로 몰려들지 않는다면 다른 사람을 짓밟는 패닉이나 스크럼 상태에서의 아치 액션$^{arch\ action}$•이 일어나지 않고 순조롭게 탈출하는 것이 가능할 텐데……. 경쟁에 뒤처지는 것이 곧 파멸을 의미한다는 상황 인식이 사상자를 내는 패닉을 유발하고 마는 것이다.

마지막 네 번째 조건은 사람들 사이에서 상호 커뮤니케이션이 정상적으로 이루어지지 않을 때다.

좁은 출구에서 긴급히 탈출하려고 하는 사람들 사이에서는 소통이 끊기는 경우가 많다. 앞에 아이들과 노인이 쓰러져 있어도 뒤에서는 어떤 일이 벌어지고 있는지 정보를 전달받지 못하기 때문에 사람들의 흐름에 진척이 없으면 빨리 탈출하기 위해 조바심을 내면서 앞 사람을 한층 강하게 민다. 쓰러진 사람 위에 또 쓰러지는 일이 늘어나 출구나 통로가 사람들로 막혀버린다. 이런 경우 적절한 소통을 통해 전체 상황을 이

• 재난 시 사람들이 탈출구로 앞다투어 몰리면서 탈출구를 중심으로 반원을 그리듯 겹쳐져 한동안 꼼짝도 할 수 없는 상태가 되어 사실상 탈출구가 봉쇄되는 현상.

해할 수 있다면 탈출자들의 인내심에 호소하는 것으로 혼란을 억제하는 것이 가능해진다. 방재 담당자나 경비 책임자가 명심해두어야 할 사항이다.

2) 패닉을 방지한다는 것은

재해나 사고에서 패닉이 발생하는 빈도는 실제로 많은 이들이 우려할 정도로 많지는 않다. '패닉 신화'에 사로잡히지 말고 사실을 냉정하게 바라보았으면 한다.

하지만 드물다고 하더라도 패닉은 일어난다. 가능하면 패닉은 방지해야 한다. 패닉에 의한 사상자를 초래하지 않기 위해서는 이미 서술한 네 가지 조건 중 몇 개가 성립되지 않도록 하면 된다. 예를 들어 실제 이상으로 위험의 절박함을 강조하는 것은 안 된다. 과도한 위기감은 닥쳐올 위협을 강조하기에 첫 번째 조건을 충족시켜 과잉반응으로서의 패닉을 낳는 요인이 된다. 하지만 반대로 패닉 발생을 우려한 나머지 위험을 축소해서 전달하거나, 올바른 상황 판단을 위한 정보를 내놓지 않거나, 최악의 경우지만 피난할 타이밍을 지시하지 않는 경우가 있다. 그렇게 되면 이것은 정상적인 소통의 결여라는 네 번째 조건을 만들어낼 뿐만 아니라 갑자기 위험에 직면한 사람들이 아연실색해 정상적인 판단력을 잃고 패닉에 발목을 잡히게 만든다. 즉 첫 번째 조건인 위험의 긴박감을 강조하는 꼴이 되는 것이다. 패닉을 방지하기 위해서는 명의의 처방처럼 제대로 된 판단력을 가진 전문가에 의한 적절한 조제가 중요하다.

호텔, 백화점, 극장, 역 등은 피난로와 비상구를 알기 쉽게 표시하고 언제라도 이용 가능하다는 것을 항상 안내방송으로 알리면 두 번째 조건과 세 번째 조건의 성립을 예방할 수 있다. 또한 방재 훈련을 확실히 실시해 종업원들이 침착하게 고객들에게 적절한 정보를 전달하고 정확한 탈출로로 유도할 수 있다면 네 번째 조건이 배제되어 패닉을 미연에 방지할 수 있다.

아프리카 초원에서 떼 지어 생활하는 초식동물들과 산호초에 서식하는 작은 물고기 떼는 그중 한 개체가 갑자기 도주행동을 일으키면 경악스러운 반응이 전체로 퍼져 무리가 하나의 생명체가 된 것처럼 도주를 시작한다. 자연계에서는 한 개체의 공포가 무리 전체를 감염시키는 일이 종종 있다. 이것은 인간에게도 적용된다. 위험을 피하는 도주행동은 원래는 우리의 생명과 안전을 지키기 위한 행동이다. 절박한 위기감에서 벗어나기 위한 집단적인 도주행동은 무리나 종이 생존하기 위한 방위행동인 것이다. 그러나 방위행동이 과잉되면 행동 주체인 스스로를 파멸시키게 된다. 이것이 패닉이다.

모든 집단적인 도주행동이 패닉인 것은 아니다. 그중에는 적절한 집단행동도 포함되어 있기 때문이다. 집단적 도주행동이 과연 적절했는지 그렇지 않았는지의 판단은 이 행동을 취한 결과로 벗어날 수 있었던 위험의 크기와 입은 손해의 크기를 비교해 결정한다. 패닉이 발생하면 이 손익계산의 저울은 마이너스 방향으로 크게 기운다.

패닉공포증이 초래하는 것

정말로 무서운 것은 패닉 그 자체보다 패닉에 대한 과도한 두려움이다. 패닉은 드물게 일어나지만 패닉공포증은 우리의 마음속에 상주해 재해 위험에 대처할 때 적절한 판단력과 합리적인 의사결정을 발휘하지 못하게 만든다. 재해에 패닉이 반드시 따라올 것이라는 편견은 재해 시 인간이 취하는 행동을 이해한 후에도 역시 옳지 않은 생각이다.

재해 시에 탈출하기 위한 집단적인 도주행동이 있었다고 가정해보자. 하지만 이미 서술한 것처럼 이 사실만을 가지고 그 집단행동을 패닉이라고 부를 수는 없다. 재해사회학자 엔리코 쿼런텔리Enrico Quarantelli는 거기에서 일어난 행동이 사태에 대한 합리적인 행동이었는지 혹은 비합리적인 도주행동이었는지가 패닉 여부를 판단하는 하나의 열쇠라고 했다. 만약 많은 사망자를 낸 재해라고 해도 희생자가 합리적으로 판단한 결과라면 거기에서 일어난 것은 패닉이 아니라는 말이다.

재해 시에 어떤 하나의 출구를 향해 몰려드는 사람들의 심리를 외부 관찰자 입장에서 추측해 헤아리기는 어렵다. 재해 후에 피해현장을 방문한 관찰자는 희생자가 왜 다른 출구로 가지 않고 특정 출구에만 모여들었는지 전혀 이해하지 못한 채로 이 이상한 상태를 패닉의 소행이라고 치부한다. 그러나 피해자들이 그 특정 출구의 존재밖에 몰랐다고 한다면 그곳으로 탈출하려고 한 것은 너무나 자연스러운 일이다. 외부자의 상황 증거 추리만으로 패닉의 존재 여부를 판단하는 것은 위험하다.

여하튼 패닉이라는 민감한 용어를 남용하는 것은 잘못된 것이다. 그리고 패닉이라는 용어를 이용해 피해를 설명하려고 할 때는 재해와 사고의 원인 규명을 방기하고 방재 실패를 감추려고 하는 불순한 동기가 있지는 않은지 우선 의심할 필요가 있다.

5

살아남기 위한 조건

살아남는다는 것은

1) 이재민과 서바이버

일본어에는 영어의 '서바이버survivor'에 대응하는 단어가 없다고 말한 이는 미국의 정신과의사 로버트 리프턴이다. 그는 히로시마에서 피폭을 당한 사람들과의 인터뷰를 정리한 저서에서 피폭을 당한 후 살아남 았으므로 비록 방사선 후유증으로 고통받을지라도 그들을 서바이버로 불러야 하지만, 일본어에서 그들은 어디까지나 피폭자로 정의될 뿐이라고 지적했다. 서바이버에 상응하는 단어로 스스로를 부르지도 않고 타인으로부터 불리는 일도 없다는 것이다. 일본 사회에서는 다수의 사망자를 낸 대형 재해나 사고에서 살아남은 생존자는 피해자이고 이재민일 뿐 서바이버는 아니다. 이러한 피해자 감정은 일본 문화와도 깊게 연관되어 있지만, '살아남은 죄death guilt'를 재해에서 살아남은 사람들에게 강하게 의식시키는 것도 간접적인 원인이지 않을까 싶다.

생존자를 재해에서 살아남은 서바이버로 대하는 것과 이재민으로 대하는 것에는 큰 차이가 있다. 맥주가 반 정도 찬 컵을 두고 아직 반밖에 차지 않았다고 생각하는 경우와 벌써 반이나 찼다고 생각하는 경우처럼, 생존자가 앞으로 살아갈 인생에 큰 차이를 낳는다. 한 지인이 모친에게서 들었다는 이야기가 떠오른다. 그 사람의 어머니는 도자기 가게를 운영하셨는데, 원래 밥그릇이란 것은 금이 간 후에 더 오래 사용할 수 있다고 말씀하셨다고 한다. 나는 재해나 사고를 겪은 생존자들이 깨지지 않고 금만 간 것에 기뻐했으면 한다. 그렇게 마음을 다잡아야만 서바이버인 자신을 자랑스럽게 여길 수 있지 않을까.

예전에 미국에 체류했을 때의 일이다. 캘리포니아 대학 로스앤젤레스 캠퍼스 부속병원에서 간암 수술을 마치고 퇴원하던 서부극의 대스타 존 웨인이 그의 퇴원을 환영하기 위해 병원 로비에 모여든 사람들을 향해 손가락으로 V 사인을 보내는 것을 텔레비전에서 보았다. 얼마 지나지 않아 그는 사망했으니, 아마도 완치를 목적으로 한 수술은 아니었을 것이다. 하지만 장시간의 수술을 견딘 그는 자신의 생환을 순수하게 기뻐하고 있는 것처럼 보였다. 존 웨인의 병세가 악화되었다는 뉴스를 들었을 즈음 유명한 여성 아나운서 바버라 월터스가 자택을 방문해 그를 인터뷰하는 것을 텔레비전에서 보았다. 나는 자신의 죽음을 객관적으로 인식하고 있는 존 웨인의 태도와 그럼에도 끝까지 포기하지 않는 그의 투지에 감명을 받았다. 그가 보여준 V 사인은 설령 또다시 엄청난 일이 자신에게 닥칠지라도 지금은 곤경을 이겨냈다는 기쁨을 자연스럽게 표현한 것이라고 느꼈다.

재해에서 부모와 아이를 잃은 경우, 혼자만 살아남았다는 부끄러움과 자기 대신에 부모님이 죽었다는 생각이 강렬해진다. 나를 대신해 다른 누군가가 죽었다는 생각이나 자신이 죽었다면 그 대신 다른 사람이 살았을 것이라는 생각은 재해를 당한 세계 각국의 이재민들에게 공통적으로 나타나는 감정이다. 그리고 일본 이재민의 경우에는 특히 더 강하게 나타나는 경향이 있다. 많은 사람들이 사망한 재해에서 자신이 살아남은 것을 부당하게 느낄 필요는 없다고 여길 수 있고, 나아가 살아남았다는 기쁨을 솔직하게 드러낼 수 있는 사회적 풍토가 만들어지지 않는다면 생존자의 우울은 트라우마가 되어 오래 지속될 것이다. 희생자의 죽음을 아파하고 이재민의 생환을 기뻐할 수 있는 사회의 '기질'을 만들어야 한다. 이재민을 죄악감에서 해방시키고 서바이버로서 받아들이기 위해 그들의 마음의 무게를 덜어줄 수 있는 사회적 분위기를 적극적으로 조성해야 한다. 어떠한 사연이 있더라도 재해에서 살아남은 사람들부터 먼저 자기 자신을 서바이버, 즉 생존자로 느끼는 것이 중요하다.

2) 살아남은 이들의 환경

재해 피해지를 방문하면 깜짝 놀라는 일이 종종 있다. 대형 지진이 강타해 제대로 된 집이 한 채도 남아 있지 않을 것으로 생각했는데, 완전히 부서져 쓰레기 더미가 된 집 근처에 거의 상처 없이 멀쩡한 집이 있기도 한 것이다. 한신 대지진 직후 피해지를 빠짐없이 돌아보았던 적이 있다. 완전히 붕괴된 건물들과, 쓰러진 가구 등으로 내부는 어지럽지만 외관은 지진 따위는 없었던 듯 온전한 건물들이 패치워크처럼 분포되어 있었다. 재해는 아무래도 약한 것을 무너뜨리는 성향이 있는 듯했다.

재해는 피해를 입은 사람들의 생활환경을 급격히 변화시키고, 급격히 변화한 환경에 적응할 수 있는 사람과 적응할 수 없는 사람을 선별해 분리한다. 한신 대지진을 보면 질병이나 고독사 등 관련 죽음을 포함한 사망자의 반수가 60세 이상이다. 이 지진은 노인 재해라는 측면을 지니는데 재해 후 지속되는 경제적, 사회적 스트레스가 노인들에게는 더욱 버겁다는 것을 시사한다. 여기에서 다시 한 번 강조하지만, 재해가 초래하는 데미지는 모든 사람들에게 공평하지 않고, 부당할 정도로 한쪽으로 치우친 모습으로 배분된다.

한신 대지진이 일어난 지 3주 정도 지난 눈 내리는 추운 날이었다. 나는 피난소로 지정된 고베 시내의 체육관에서 묵었다. 고작 이불 한 장이 한 사람의 거처이고 밤에도 형광등 불빛이 번쩍이거나 시끄러운 소리가 끊이지 않는 그곳에 당연히 개인 사생활이란 없었다. 감기가 유행하는 시기였기에 밤새 기침하는 사람들이 있는 한편 이불 위에 앉은 채로 깊이 생각에 잠긴 사람도 있었다. 날이 밝자 이곳저곳에서 알람시계가 울렸고 곧 와이셔츠에 넥타이 차림을 한 사람들이 출근을 서둘렀다. 그런가 하면 낮이 되어도 개어둔 이불에 기댄 채 멍하니 앉아 있는 젊은이들도 있었다. 파괴된 사업장이나 가옥을 고치기 시작한 사람이 있는 반면에 어디서부터 다시 시작해야 할지 엄두를 내지 못하는 사람도 있었다. 모든 것이 쓰러진 것만은 아니었고 쓰러진 것처럼 보이는 사람들 중에서도 다시 일어설 힘을 가진 사람들과 쓰러진 채인 사람들이 있었다. 재해는 그런 사람들의 층을 확실하게 분리하고 해체한다. 이러한 극적인 인간 분별이 재해 이후의 환경에서 냉엄하게 일어난다.

어떤 사람이 살아남는가

1) 연령이 생존을 결정한다

재해나 사고 발생 시 어느 정도의 신체적 피해를 입을지 예측할 때 가장 예측력이 높은 요인은 그 사람의 연령이다. 영유아나 어린이를 제외하면 젊을수록 피해 정도가 가볍고 회복도 빠르다. 정신적인 데미지 측면에서 보면, 죽음과 관련한 경험이 정신생활에 끼친 영향은 연장자보다 젊은 사람에게 더 클 가능성이 높다. 그러나 동시에 젊은 사람은 그 영향을 넘어설 수 있는 유연성도 크기 때문에 육친의 죽음처럼 고통스럽고 떨쳐내기 힘든 죽음의 각인에 짓눌려도 그것을 극복하고 살아갈 수 있다.

하지만 노령의 생존자는 정신적으로 가혹한 체험을 흡수하는 완충장치가 거의 닳아 있는 상태다. 그리고 사회나 친한 사람들로부터 물심양면의 지원을 받기가 점점 곤란해지고, 죽음을 떨쳐내는 생명력마저 잃어가는 상황이므로 절망과 고독과 심적인 마비상태에서 쉽게 회복될 수 없다. 젊은 사람은 재해를 뒤로하고 다시 일어설 수 있지만 노년의 생존자는 살아남는 기회를 얻었음에도 이 정신적인 고문을 죽을 때까지 짊어지게 된다.

생존자에게 연령이라는 요인이 무엇보다 중요하다는 것을 알 수 있는 사례가 있다. 1995년 6월 한국 서울에서 백화점 붕괴로 501명이 사망하는 사고가 일어났다. 재해나 사고 당시의 상식으로 봐도 생리적으로 생존 가능한 기간이 상당히 지났음에도 불구하고 무사히 구출된 세 명의 남녀 생존자가 있었다. 마실 물도 먹을 것도 없이 매몰된 이런 악조건 속에서 살아 있는 채로 매몰되어 일주일간 생존하는 것은 기적이나 다름없다. 그런데 20세의 남자 아르바이트 대학생은 열흘 만에, 18세의 여성 점원은 12일 만에, 마지막 18세의 여성 점원은 16일 만에 구조되었다. 세 명 모두 가벼운 부상과 탈수 증세를 보인 것 외에는 무척 건강했고 구출 직후 차가운 물이나 아이스크림이 먹고 싶다고 말했다고 한다. 젊음이라는 생리적 조건, 즉 생명력은 재해나 사고를 당했을 때 생존을 결정하는 주요한 요인임에 틀림없다.

2) 부유한 쪽이 유리하다

재해가 갖고 있는 또 하나의 가혹한 측면이 있다. 재해가 끼치는 타격은 경제적으로 빈곤한 사람들에게 더 무겁고 부유한 사람들에게 더 가볍다는 것이다. 이것은 한신 대지진을 시작으로 많은 재해를 실정 조사한 나 자신이 직접 실감한 부분이다. 재해에서 살아남는 것과 관련해서도 경제적인 조건이 깊이 연관되어 있다. 안전을 위해 대가를 지불한 사람들은 희생을 적게 치르는 게 현실이다. 여기에서 말하는 가벼움과 무거움은 두 가지를 내포한다. 손해의 양적인 규모가 빈곤층에서 더 크고 부유층에서 더 작다는 절대적인 의미와 양적으로 같은 손해를 입더라도 빈곤층에는 더욱 심각한 타격을, 부유층에는 경미한 타격을 끼친다는 상대적인 의미 둘 다를 포함한다. 후자는 어느 정도 명백할 수도 있지만 전자는 충격적이지 않은가.

나는 예전에 홍수 재해를 입은 네팔의 부흥에 관한 상황 조사에 참가한 적이 있다. GDP가 세계에서 가장 낮은 등급에 위치한 이 나라도 빈부의 격차가 크다. 홍수에 의한 네팔인 사망자는 빈곤층이 압도적으로 많았는데 홍수 위험지대에 살 수밖에 없는 생활조건이 이 차이를 낳았다. 경제력의 차이가 재해에 끼치는 피해의 크기를 결정한 것이다. 재해가 초래하는 후유증에도 빈부 격차는 존재했다. 부유한 농가는 홍수 재해를 딛고 다시 일어섰으나 빈곤한 농가는 십 년도 전에 겪은 홍수 피해가 더 확대되는 걸 볼 수 있었다. 재해가 빈곤을 고착화하고 증폭시키는 악순환이 이어지는 것이다. 이처럼 동일한 크기의 피해를 입었더라도 경제적 힘의 유무에 따라 재해 후의 생활조건이 결정되고, 그 격차는 확대된다.

재해 대비의 취약성은 직접적으로는 방재 의식과 방재 대책에 의존하지만, 더 근본적으로는 경제력에 의해 결정되는 경우가 많다. 한신 대지진 현장을 찾았을 때, 나는 낡은 빌딩이나 노후화한 목조주택이 붕괴된 것과는 대조적으로 새 빌딩이나 새 목조주택은 온전한 것을 목격했다. 직하형 지진이었다. 다수의 희생자가 붕괴된 건물에 압사당한 것을 생각해볼 때 이른 아침 5시 46분에 어떤 집에서 자고 있었는지가 그들의 생사를 갈랐다고 말할 수 있을 것이다.

경제 사정이 생사를 가르는 하나의 중요한 열쇠라는 사실은 개인에게

만 적용되는 것이 아니다. 국가나 사회에도 적용된다. 예를 들어 방글라데시에서는 사이클론 시즌이 되면 수해로 인해 수만 명의 사망자가 발생한다. 그러나 같은 크기의 사이클론이 재해 취약성이 매우 낮은 서유럽을 강타한다면 피해 규모는 비교되지 않을 정도로 작을 것이다. 1993년 9월 인도의 데칸 고원 중앙부에 있는 마하라슈트라^{Maharashtra} 주의 라투르^{Latur} 일대에서 매그니튜드 6.2라는 중규모의 지진이 일어났다. 이 지역은 지진이 거의 발생하지 않는 곳으로 지진 대비가 되어 있지 않았다. 그 결과 9,748명이 사망했는데 햇볕에 직접 구운 벽돌이나 돌로 간단하게 지은 허름한 집에 살고 있던 사람들이 주로 희생되었다. 미국의 지진학자는 이 지진이 지진 대비가 잘 되어 있는 로스앤젤레스나 샌프란시스코에서 일어났다면 사망자가 거의 나오지 않았을 것이라고 말했다. 경제적으로 부유한 국가나 사회에 살고 있는 사람들은 경제적으로 빈곤한 국가나 사회에 살고 있는 사람들보다 재해에서 살아남기 더 좋은 조건에 놓여 있다. 재해에서 부유한 쪽이 생존 기회를 더 많이 갖는다는 사실은 재해 피해의 불평등을 시사한다.

경제적 상황이 재해 피해를 결정한다는 것을 실증한 고전적인 연구 사례를 살펴보자.

1957년 6월 미국 루이지애나 주 캐머런 카운티를 '오드리^{Audrey}'라는 허리케인이 강타했다. 재해사회학자 베이츠의 연구팀은 이 허리케인에 의한 피해와 영향 실태를 조사했다. 먼저 인종별 사망·실종자를 비교했는데 백인 사망자는 백인 인구의 4퍼센트를 점하는 215명이었고 흑인 사망자는 흑인 인구의 33퍼센트에 달하는 190명이었다. 인구비로 보면 흑인 사망·실종자의 비율은 백인의 8배 이상이었다. 이렇게 격차가 생긴 원인으로 베이츠는 다음 세 가지를 언급했다.

첫 번째는 다수의 흑인이 해안가의 습한 늪지대에 살았기에 부실하게 지어진 집들이 폭풍우에 파괴됨으로써 많은 희생자가 나왔다. 두 번째는 도망칠 수 있는 자동차나 피난 시에 필요한 수중의 현금이 없었기 때문에 많은 흑인이 허리케인의 위험에서 벗어날 수 있는 피난행동을 취하지 못했다. 세 번째로 교육수준이 낮아서 재해 경보가 발령되었음에도 불구하고 그 의미를 이해하지 못했다.

허리케인으로 인해 흑인 인구의 3분의 1이 사망하거나 실종된 탓에 캐머런 카운티의 흑인 커뮤니티는 해체되었다. 살 집을 잃고 재건의 희망도 사라진 많은 흑인들이 타지로 이동했기 때문이다. 허리케인 '오드리'로 인한 흑인 커뮤니티의 붕괴는 인종이 다르다는 그 자체와는 별개로 인종차별이 가져온 경제적, 사회적 격차에서 기인했다. 그 당시 미국 남부의 여러 주에서는 심한 인종차별이 성행했는데 백인에 비해 경제적으로 빈곤하고 사회적으로 최하층에 위치한 흑인들의 사정이 이러한 비극을 낳은 것이다. 빈곤이 개인과 가족 그리고 커뮤니티가 어떤 식으로 재해에 맞설 힘을 잃게 만드는지 캐머런 카운티의 흑인 커뮤니티 붕괴는 그 과정을 여실히 보여준다.

3) 침착하고 냉정한 판단이 생존율을 높인다

세계 해난 사고 사상 가장 많은 사망자를 낸 것은 타이타닉 호 조난 사고이고, 두 번째는 1954년 9월 일본에서 일어난 태풍 15호 '마리'(일명 도야마루 태풍)에 의한 해난 사고이다. 당시 아오모리青森와 홋카이도의 하코다테函館를 왕복하던 세이칸青函 연락선은 사람과 화물뿐만 아니라 열차도 실어 운반할 정도로 본토와 홋카이도를 연결하는 교통의 대동맥이었다. 그런데 최신형으로 인기가 높았던 도야마루洞爺丸 호와 다른 연락선 네 척이 침몰해 1,447명이 사망한 사건이 일어났다. 그중 가장 많은 희생자를 낸 도야마루는 전체 승선자 1,314명 중 1,155명이 사망했다. 도야마루에 승선한 사람들의 사망률은 88퍼센트였다.

조난 사고가 나고 나흘이 지난 날, 아사히신문 조간에 하코다테 중앙병원에 입원한 승객 5명과 선원 5명, 도합 10명의 생존자들과의 인터뷰가 게재되었다. 생존자 전원이 유카타浴衣●를 입었고, 개중에는 단젠丹前◆을 걸친 사람도 있었다. 구사일생으로 목숨을 구한 직후였지만, 기사에 첨부된 사진에서는 모두가 무척 건강해 보이는 모습이었다. 그중 한 사람인 오시자와 시게타카押沢茂孝(당시 50세)는 하코다테 가시와노 시립초등학교 교장으로서 사고 당시 도야마루 3등 선실에 타고 있었다. 그는 다음과 같이 말했다.

● 목욕 후나 여름에 입는 일본의 전통 의상.

◆ 두꺼운 면을 넣은 방한을 위한 일본식 겉옷.

저는 마지막까지 당황하지 않았습니다. 첫째, 배가 좌초되었을 때 해안이 가깝다는 것을 알았습니다. 둘째로 나나에 해안[하코다테 항구―인용자]은 내가 알고 있는 곳이었습니다. 마지막으로 구명조끼를 입을 때 의류를 전부 착용하고 신발끈 등을 다시 한 번 점검했기에 제대로 된 차림을 했다는 자신감이 있었습니다. 게다가 제가 수영을 좀 할 줄 안다는 마음가짐이 물에 대한 공포심을 없애주었습니다.

혼란한 선내에서 그는 용의주도하게 반드시 찾아올 생사의 기로에 대비하고 있었던 것이다.

이 해난 사고의 원인을 둘러싸고 논쟁이 일었다. 고등해난심판청(해난 사고의 재판소와 동일)의 국철보좌인(형사재판의 변호인에 해당)이 제2정에서 언급한 오시자와의 침착성과 냉정함은 고등해난심판청에 다음과 같이 서술되어 있다.

당시 앞부분의 3등실에 있던 초등학교 교장 오시자와 씨는 승객 전원이 객실을 탈출한 후 가장 나중에 탈출했습니다. 그는 객실에 있을 때 승객이 앞다퉈 구명조끼를 입으려는 혼란한 상황을 지켜보다가 마지막에 남은 구명조끼를 착용했다고 합니다. 그 태도로 미루어보아 매우 침착한 분이라고 사료됩니다. 이사관[형사재판으로 치면 검찰에 해당―인용자]의 질문에 대한 진술 및 제1정에 증인으로 출정했을 때의 증언은 옆으로 침몰하는 당시의 모습을 가장 진실에 가깝게 기억하고 있다고 사료됩니다.

이처럼 해난심판장에서도 칭찬받을 정도로 이 교장의 태도는 안정되어 있었고 판단은 침착했다. 그는 이보다 더 전에 열렸던 제1정에서도 도야마루 배 안의 모습을 증언했다.

구명조끼를 입고 삼십 분이 지나 쿵 하는 충격을 느꼈고 곧 좌초되었다는 것을 알았습니다. 충격을 감지한 승객들이 위쪽으로 기어올라갔고 마지막으로 후치가미 미츠오濶上滿男[당시 49세로 홋카이도 학예대학 하코다테 분교(현재 홋카이도 교육대학 하코다테교)의 미술 조교수였다. 그에 대해서는 나중에 서술하겠다—인용자] 씨가 올라갔습니다. 저는 아직 우현의 짐칸에 기대 있었습니다. 후치가미 씨가 중간까지 올라갔을 때 배가 갑자기 45도 기울면서 그가 우현의 의자 부분으로 떨어졌고 크게 부딪치는 소리가 났습니다. 그래서 부상을 입었는지 물었습니다만, 후치가미 씨가 아무 말 없이 바로 일어섰기에 다행이다 싶었습니다. 그를 보고 있는데 우현의 계단 쪽으로 물이 들어오기 시작했습니다. 드디어 물이 들어왔다고 생각하며 보고 있는 사이에 엉덩이 쪽이 차가워졌습니다. 그래서 저도 일어났습니다.

이러한 자신감과 침착함에 행운까지 함께해 그는 살아남을 수 있었다. 이 도야마루 호에서 냉정한 판단력으로 궁지를 벗어난 사람은 또 있었다. 앞에서 언급한 당황하지 않고 동요하지 않는 태도를 보인 후치가미 미츠오였다. 지금의 일본에서 오시자와나 후치가미처럼 담력 있는 인물이 있느냐고 묻는다면 내 대답은 상당히 부정적일 테지만 50년 전에는 그런 용기 있는 사람들이 분명히 존재했다.

살아남은 사람들의 체험을 엮은 『태풍과의 싸움, 세이칸 연락선 조난 체험 기록台風との斗い·青函連絡船遭難記録』에서 도야마루의 객실승무원이었던 남자가 다음과 같이 말했다. 스피커에서 "구명조끼를 착용하세요"라는 안내가 나온 후의 3등 객실 광경이다.

저는 큰일 났다고 생각하며 즉시 사물함을 열었습니다. 열자마자 승객들이 몰려들어 구명조끼를 가져갔습니다. 정말 무서웠습니다. 생사를 가르는 상황이었기에 당연하겠지만 승객 중에는 조끼가 없다고 비명을 지르는 사람도 있었습니다. 조끼는 여기저기 충분히 있었습니다. 하지만 이미 착용한 사람들은 그것을 집어주거나 알려주려고 하지 않았습니다. 자기를 챙기는 것만도 엄청난 일이었으니까요.

제가 승객들 사이를 돌아다니며 구명조끼를 전해주었고 그러는 사이에 모든 사람들이 조끼를 착용했습니다. 그런데 한 사람이 입지 않고 있었습니다. 그가 흥분한 목소리로 제게 불평했습니다. 지금 와서 뭘 어쩌자는 거냐고 소리치는 것이었습니다. 욕설이 섞인 거친 음성이 멈추지 않았습니다. 저는 대꾸 없이 그 사람의 얼굴만 보고 있었습니다. 그런데 승객 한 명이 "배에 탔으면 조용히 하고 승무원이 하는 말을 들으시오"라고 꾸짖으며 말했습니다. 권위가 느껴지는 훌륭한 음색이었습니다. 그러자 불평하던 사람이 조용조용 구명조끼를 입었습니다.

꾸짖은 사람은 후치가미 미츠오 조교수였다. 후치가미는 나중에 자신의 체험을 기록한 『도야마루 조난기洞爺丸遭難記』를 출판했다. 도야마루 우현은 해저에 가라앉아 있었다. 수심은 10미터로 얕았지만 좌현의 뱃머리 부분이 아주 조금 해면에 드러나 있을 뿐이었는데 이것이 후치가미에게는 행운으로 작용했다. 거의 바로 위에 깨진 유리창이 있었다. 점점 기울어지는 배 안으로 물이 들어차 똑바로 설 수 없었을 때 그는 어떤 행동을 취했을까. 체험기에는 그의 침착한 모습이 잘 드러나 있다.

구명조끼를 입은 덕분에 얼굴은 물 밖에 떠 있었다. 그 상태로 나는 고개를 들어 위를 올려다보았다. 불투명한 빛이 보였다. 그때 갑자기 멈춰 있던 나의 사고력이 되살아났다 ― 창문이다! 하지만 손을 뻗어 창문을 잡기에는 아직 멀다. 지금은 움직이면 안 돼, 어쩌면 배가 더욱 기울어 물이 불어나면 손이 닿을지도 몰라. 그때까지 여기에서 움직이지 말자. 그러면 창문으로 탈출할 수 있을지도 몰라― 때를 기다리며 나는 움직이지 않았다.

후치가미는 선실에 밀려드는 해수로 인해 떠오른 몸이 창문에 점점 가까워져 탈출할 수 있었다. 하지만 그의 근처를 떠다니던 사람들은 여러 방향으로 휩쓸리며 배에서 탈출하지 못했다. 그는 죽음을 눈앞에 두고도 인간의 존엄을 지키며 생사의 갈림길에서 살아 돌아올 수 있었다. 냉정한 판단력과 용기 덕택이라고 말할 수 있을 것이다.

이미 일부를 소개한 적이 있지만 재해 속에서 침착한 판단력을 발휘해 생존율을 높인 또 하나의 예를 들어보겠다. 마지막 난관이었던 시에라네바다 산 속에서 조난당한 다나 일행의 이야기를 2장에서 자세하게 설명한 적이 있다. 총 인원 중 반수에 가까운 사망자가 나온 가혹한 재난 속에서 다나 일가를 포함한 열한 가족 중 두 가족만이 식구를 잃지 않고 캘리포니아를 건널 수 있었다. 그중 한 가족이 남편(51세), 아내(40세) 그리고 일곱 명의 아이들로 구성된 브린 가率였다. 가장 패트릭 브린은 이런 폭설 속에서 봄이 올 때까지 움직이는 것은 불가능하다고 판단해 가축을 전부 죽이고 거기에서 얻은 고기를 건조시키거나 눈 속에 보존하며 겨울나기 준비를 했다. 그 덕분에 브린 가는 가장 풍족한 음식을 비축할 수 있었으나 다른 가족들은 가축을 산 채로 두었기 때문에 가축이 눈 속에서 길을 잃거나 실종되어 귀중한 식량을 잃었다. 브린 가가 운이 좋았던 것도 사실이지만, 결국은 아버지이자 남편인 패트릭 브린의 냉정한 판단력이 가족을 살린 것이다.

4) 과감한 판단을 통한 적시의 의사결정과 행동이 중요하다

대형 재해에서는 적시의 결정과 행동이 생사를 가른다. 재해 과정에서는 모든 사태가 유동적이다. 그것은 전쟁과 일맥상통하는 면이 있다. 군사전략의 천재라고 불리는 알렉산더 대왕이나 오다 노부나가織田信長, 나폴레옹의 과감한 행동력은 널리 알려져 있다. 전략이론가인 클라우제비츠Carl von Clausewitz는 『전쟁론』에서 전쟁은 위험 그 자체이므로, 군인들에게 우선 필요한 것은 용기라고 썼다. 그리고 용기는 지성이 안내하는 과감한 판단을 통해 행동으로 이어져야 한다고 설명했다. 재해에서 살아남기 위해서도 다르지 않을 것이다.

세이칸 연락선 '다이세츠마루'의 후쿠이 선장은 제2차 세계대전 때 소우야宗谷 해협의 연락선 선장으로서 여러 번 사선을 넘나든 인물이다. 그가 저술한 『도야마루 침몰 32주년의 진실洞爺丸沈没32年目の真実』에서 그는 위험을 예지하고 민첩하게 행동하는 것이 중요하다고 지적했다.

여러 해난 사고를 봐도 다른 사람보다 먼저 행동하는 사람이 생명을 건지는 경우가 많다. 순간을 다투는 곳에서 모두가 움직이기 시작할 때는 너무 늦다.

생명을 위협하는 위험의 크기가 행동의 적합성 여부를 결정한다. 위험이 경미한 경우에는 침착하게 상황을 지켜보는 쪽이 당황한 채로 움직이는 것보다 안전할 때가 있지만 도야마루의 경우처럼 90퍼센트의 사망자가 발생한 심각한 사태에서는 이야기가 달라진다. 타이밍을 충분히 가늠한 과감한 행동을 통해 낮은 생존율을 높일 수 있다. 여기에서 중요한 것은 사태의 위험성을 객관적으로 평가할 수 있는 지성과, 위험도의 크기를 평가해 내린 결론을 과감하게 실행으로 옮길 수 있는 용기이다. 만약 과감한 행동을 취하면 십 분 후에 죽을 수도 있지만 그래도 그 판단을 행동으로 옮긴다면 생존 확률은 아무것도 하지 않을 경우보다 20퍼센트 상승한 30퍼센트가 된다고 가정해보자. 아무것도 하지 않는 경우 한 시간은 살아 있을 수 있더라도 그 후에도 살아남을 수 있는 확률은 10퍼센트로 내려가버린다. 그렇다면 어느 쪽을 택할 것인가. 그것은 구명조끼를 입은 채로 도야마루 호의 갑판에서 폭풍우가 몰아치고 성난 파도가 집어삼키는 수심 10미터의 바다 속으로 지금 당장 뛰어내릴 수 있는지 없는지를 선택하는 것이다. 나나에 해안까지는 약 6백 미터. 생존 확률을 20퍼센트 높이기 위해서는 십 분 후에 죽을 위험을 감수해야 한다. 이 선택이 가능한지 아닌지에 생존 여부가 달려 있다. 대형 재해에서는 이렇듯 지성적인 과감성을 가져야만 살아남을 수 있는 상황도 있는 것이다.

5) 생존의지가 목숨을 구한다

강렬한 역할의식과 의무감, 격한 애정과 같은 감정은 생존의지를 높이고 재해 속에서 꺼져가던 생명의 불씨를 다시 타오르게 한다. 살고 싶다는 희망과 살아남아야 한다는 신념이 생리적인 면역력을 활성화시켜서, 치명적인 상황에서도 생명에 불을 지피고 살아남을 수 있는 힘을 준다. 생존에 대한 강한 희망이 생존을 위한 에너지를 이끌어내는 것이다.

흥미로운 일례가 있다. 미국의 통신사 AP가 전한 항공기 사고 생존자의 이야기다. 2000년 1월 30일 케냐항공 에어버스 310기가 179명의 승객과 승무원을 태우고 아프리카의 코트디부아르 아비장 시에서 이륙해 나이지리아 라고스로 향했다. 하지만 에어버스 항공기는 이륙 후 몇 분

지나지 않아 대서양에 추락했다. 살아서 구조된 사람은 단 열 명뿐으로 생존율은 6퍼센트에 지나지 않았다. 그중 한 명은 33세의 나이지리아 남성이었다. 그는 병원 침상에서 자신이 목숨을 건진 것은 액션영화의 열혈 팬인 덕분이라고 기자에게 답했다.

이 사람은 전혀 수영을 할 줄 몰랐으나 가라앉는 기체에서 탈출했고 찰과상만 입은 채로 구명정에 구조되었다. 그는 자신이 구조된 것은 영화 주인공처럼 반드시 살아남을 수 있다는 믿음을 버리지 않았기 때문이라고 했다. 생환할 수 있었던 가장 큰 이유는 어쨌거나 운이 좋아서였겠지만, 그것뿐이라고 할 수는 없다. 영화 속 영웅과 자신을 동일시한 덕분에 어떻게든 살고 싶다는 염원이 영화 속 영웅처럼 살아남을 수 있다는 확신으로 전환될 수 있었던 것이다. 그 결과 가혹한 상황을 견딜 수 있는 힘을 끌어낼 수 있었을 것이다.

기타야마 후타바^{北山二葉}(당시 33세)는 1945년 8월 6일 히로시마의 츠루미 다리 부근에서 원자폭탄에 피폭되었다. 원폭 지점에서 1천7백 미터 떨어진 곳이었다. 그녀는 중상을 입었고 의사는 가망이 없다고 했으나 세 명의 어린 자녀들에 대한 애정이 그녀의 목숨을 붙들었다. 그 후에도 피폭에 의한 병세와 싸우며 여러 차례 절망의 늪에 빠졌다가 다시 생환하곤 했다고 한다. 그 체험을 그녀는 『원폭체험기^{原爆体験記}』에서 말하고 있다.

기타야마는 근로봉사 작업장에 가는 도중 피폭을 당했다. 어린 아이들은 시골 친척집으로 피해 있었는데, "엄마는 절대로 죽지 않아. 괜찮아"라고 자신을 다독이며 계속 달렸다. 시체들이 널려 있고 봉사대의 학생들이 "엄마, 엄마" 하며 울부짖고 집들이 불타는 지옥 같은 상황 속에서도 계속 달렸다. 눈이 보이지 않아 죽음을 각오했을 때 우연히 언니를 만날 수 있었다. 그녀는 의식을 잃으면서도 "아이들한테 데려다줘"라고 말했다. 의사는 이동은 무리라고 했으나 언니는 어차피 죽는다면 아이들 곁에서 죽게 하고 싶다며 그녀를 업은 채 열차를 타고 친척집으로 갔다. 그날 밤 친척집에 피해 있던 아이들이 서둘러 달려왔다.

"엄마" 하고 부르며 매달리는 아이들의 목소리를 들었을 때 지옥에서 빠져나오는 듯한 기분이 들었다고 그녀는 쓰고 있다. 눈물을 흘리면서 매달리는 아이들의 냄새를 맡았다. 나흘째 되는 날 남편이 그녀의 곁으로 왔으나 별다른 부상을 입지 않았음에도 불구하고 그는 사흘 후에 피를 토하며 죽었다. "불쌍한 내 새끼들. 나는 죽지 않을 거야. 이 아이들을 고아로 만들지 않을 거야"라고 그녀는 죽은 남편에게 간절히 기원했다. 그녀는 죽을 수 없었다. 살고 싶다고 욕망했다. 그리고 그대로 되었다. 그 후에도 의사는 여러 차례 가망이 없다고 했으나 그때마다 그녀는 생에 대한 집념을 놓지 않고 고비를 넘겼다.

살고 싶다는 강한 희망이 살아남을 수 있는 충분조건은 아니다. 살고 싶다고 강렬히 염원한다고 해서 반드시 살아남는 것도 아니다. 하지만 살고 싶다는 욕망을 절대 포기하지 않는 의지는 살아남을 수 있는 필요조건이다. 그러한 강한 의지가 없다면 절체절명의 상황에서 생환하는 것은 어려울 것이다.

그렇다면 생존자들을 기다리고 있는 것은 과연 어떤 모습일까. 이어서 생환 후의 이재민에 대해 살펴보겠다.

생존자는 어떻게 살아가는가

재해에서 살아남았다고 해서 "그리고 행복하게 살았습니다"라는 해피엔딩으로 이어지는 것은 아니다. 이 책의 앞부분에서 언급한 것처럼 하나의 난관을 넘으면 또 다음 난관이 기다리고 있는 것이 엄연한 현실이다. 생존자는 생환한 시점부터 다시 새로운 선별에 직면한다. 육체도 정신도 너덜너덜할 정도로 부상을 입었고 생활기반도 대부분 잃은 상태다. '전화위복'이 될 수 있는 생존자는 운이 좋은 사람들이다. 그렇게 선택받은 사람들과는 달리 선택받지 못한 사람들이 있다.

재해사회학자 카이 에릭슨Kai Erikson은 재해로 인해 사람들 사이를 이어주는 사회적 연결고리가 파괴되고 함께 공유하던 의식이 사라지는 것을 '집단적 외상체험'이라고 부른다. 재해에 의한 파괴는 사회적 구심력을 약화시키기 때문에 사회는 한층 유동화된다. 그것의 지배적인 조류는 다윈의 양육강식의 원리다. 앞서 서술한 바와 같이 살아남기 위한 조건이 더 유리한 사람들은 쉽게 선별되며 재해 이후의 환경에 적응해 살아가는 것이 가능하다. 젊은이들은 가장 먼저 선별되므로 재해의 규모가 클수록 세대교체가 가속화되기도 한다.

살아남았어도 선별되지 못한 사람들은 과연 어떻게 살아갈까. 실제로 생존자이지만 진짜 생존자가 될 수 없는 많은 사람들이 있다. 그들은 재해 이후의 사회에서 살아가는 것이 가능하지 않다. 타인과 공감하고 공명하는 마음속 중추를 잃었기 때문에 다른 사람들과 마음을 나눌 수 없다. 마음을 나눌 수 있는 이는 같은 경험, 같은 고통과 아픔을 공유하는 사람들뿐인 경우가 많다. 히로시마나 나가사키의 피폭자들, 한신 대지진과 옴 진리교에 의한 지하철 사린 테러 피해자들 중에서도 이러한 사람들이 많다. 카이 에릭슨은 이런 경우에 처한 사람들끼리는 가장 친한 친구조차 대적할 수 없을 정도로 깊은 관계를 맺는다고 말한다. 생사를 가르는 체험은 같은 경험을 한 사람만이 공감할 수 있기 때문이다. 다시 말해 눈에 보이지 않는 벽으로 인해 그 외의 사람들과는 서로 교감하지 못한다. 그러므로 선별되지 못한 생존자는 나날의 생활 속에서 남은 생명을 서서히 빼앗기며 살게 된다.

이러한 사람들을 어떤 식으로 지원하면 좋을까. 재해 후에 쾌적한 삶이라고까지 말하기는 힘들어도 더 잘 적응할 수 있도록 하려면 어떻게 해야 할까. 최근 생존자를 지원하는 사람들과 사회의 움직임이 활발하다. 다음 장에서는 이 문제를 놓고 현재의 상황과 방도를 살펴보겠다.

6

재해현장에서 움직이는
선의의 힘

재해에는 이중의 선별과정이 있다고 앞장에서 언급했다. 이중선별이란 우선 살아남을 수 있을지 없을지가 걸러진 후, 다음으로 더 잘 살아남을 수 있을지 없을지의 여부가 다시 걸러지는 것을 말한다. 또한 앞장에서 재해 후의 사회는 다윈의 양육강식 원리가 작동한다고도 언급했다. 하지만 이러한 가혹한 흐름만이 존재하는 것은 아니다. 이재민을 수색하고, 구호하고, 지원하면서 격려하는 자기희생과 선의의 힘이 작동하는 곳도 있다. 물론 모든 사람이 나이팅게일일 수 없고 마더 테레사일 수도 없으므로 일상에서는 자신에게 닥친 위험을 무릅쓰면서까지 모르는 사람에게 구원의 손을 내미는 행위가 드물다. 하지만 재해 시에는 이러한 드문 현상이 상당히 빈번하게 일어난다.

원조행동과 애타행동

원조행동이란 우리가 흔히 알고 있는 것처럼 타인에게 필요한 재물을 주거나, 노동력을 제공하거나, 기술이나 지식을 알려주는 등 정신적으로 지원하는 것과 같은 행위 전체를 의미한다. 때로는 대가나 이해가 얽힌 경우도 있을 것이고 보수를 기대하는 경우도 있을 것이다. 하지만 제공하는 측의 의도는 어떻든 간에 타인이 누군가를 돕는 행위를 일단 원조행동이라고 한다. 그리고 원조행동 중에서 특별한 성격을 띠는 것이 애타행동이다. 물론 애타행동은 타인을 원조하는 행동이다. 하지만 특수한 것은 자신의 이익을 제쳐두고 단지 타인의 이익을 위해 원조한다는 점이다. 지극히 일반적으로 말하면 보수를 바라지 않고 타인에게 이익을 주는 행위로, 다시 말해 선의에 기반을 둔 사심 없는 원조행동이 애타행동이다.

심리학자이자 경제학자인 허버트 사이먼Herbert Simon은 진화생물학적 관점에서 애타행동에 관한 실증연구 결과를 정리했다. 그의 정리에 따르면, 너무나 당연할 테지만 애타행동은 그것을 행하는 자의 이익에는 반하지만, 사회 전체의 이익을 높인다고 한다. 그리고 이 노벨경제학 수상자는 애타행동을 하는 개인들의 손실 총계가 사회가 받을 수 있는 이익을 넘지 않는 한에서 애타행동은 사회 기능 유지에 공헌한다고 언급했다.

즉 개인적인 부담이 총체적으로 과도하지 않는 한 애타행동은 사회가 존립하는 데 필요한 요소인 것이다.

최근의 심리학적 연구에 따르면 애타행동을 하지 않는 사람에게 동료들로부터 추방한다든지 하는 처벌이 가해지는 경우에 애타행동이 촉진된다고 한다. 예를 들면 부족사회 같은 곳에서 누군가가 전체를 위해 공헌하는 자기희생을 동반한 애타행동을 거부한 경우에는 그 일을 부족의 모든 사람들에게 알리고 그에게 부족 차원의 제제를 가하면 제제의 공포심이 애타행동을 유발한다는 것이다. 일상 세계에서는 애타행동의 배후에 어떤 의무감 같은 것이 있다.

재해와 원조행동

1) 비상시 규범 아래서 애타행동이 활성화된다

애타행동은 자기희생을 동반하므로 일상생활에서는 일어나기 힘들다. 애타행동을 장려하고 타인의 애타행동에 '무임승차'하는 사람에게 법적인 제재를 가하지 않는 한 자진해서 타인을 애타적으로 대하기는 어렵다. 하지만 재해 시에는 이 원칙이 무너진다.

재해 직후의 현장에는 1장에서 서술한 재해 후의 유토피아 단계에 놓인 사람들이 있다. 많은 이재민이 운명공동체 의식으로 연결돼 있는 곳에서는 1장에서 언급했던 비상시 규범이 등장한다. 같은 재해를 당한 사람들 중에 피해 정도가 가벼운 사람이 큰 피해를 입은 사람을 돕는다. 그리고 재해의 와중에도 운명공동체 의식이 있는 이재민들 사이에서는 자신에게 닥친 위험은 제쳐두고 이재민 구호 활동에 참가하는 사람도 드물지 않다.

1983년 5월 동해 중부 지진이 일어났을 때 아키타 현의 오가男鹿 시 가모加茂 해안으로 소풍 갔던 초등학생 중 43명이 쓰나미에 의해 근해까지 휩쓸려갔다. 이 긴급사태에 직면해 근처에 있던 어부들은 끊임없이 덮쳐오는 쓰나미 속에서도 자신들의 위험은 아랑곳하지 않고 휩쓸려간 아이들을 구조했다.

재해나 사고 등의 비상사태가 일어나 생명이 위험한 사람이 눈앞에 있을 때 그 사람을 구할 수 있는 것이 자기 자신뿐인 경우에는 비상시 규범이 작동한다. 자신의 위험은 제쳐두고 순식간에 타인을 구하는 행위가 일어나는 것이다. 왜 이럴 때 비상시 규범이 발휘되는 것일까. 그 이유를 다음의 사례를 통해 살펴보도록 하자.

2001년 1월 도쿄의 JR 신오쿠보 역에서 26세의 한국인 유학생과 47세의 일본인 카메라맨이 선로에 떨어진 37세의 남성을 구하기 위해 뛰어들었다가 세 명 모두 진입한 열차에 치여 사망한 사건이 있었다. 비상시 규범은 긴급사태가 일어났을 때 가능한 한 많은 사람들이 살아남을 수 있도록 자원이나 부담을 서로 공유하고 공평하게 나누는 특징을 갖고 있다. 이 행동 형태는 우리의 인지·행동 시스템에 내재화되고 프로그램화되어 있다. 자신은 가까이에서 봤을 뿐 재해나 사고에 휘말리지 않았음에도 내가 아니면 구할 사람이 없을 경우 긴급 작동해 "이 사람을 구해야 해"라고 명령한다. 상대방의 위험을 자기희생으로 메우려는 심적 메커니즘이 움직이는 것이다. 순식간에 발휘되는 강한 충동적인 힘은 신오쿠보 역의 경우처럼 코앞까지 진입하고 있는 전철과 도망갈 곳 없는 선로라는, 자신의 목숨을 빼앗는 위험 속으로 뛰어들어 필사적인 구조를 시도하게 만든다. 그들은 선로에 떨어진 사람을 구조하기 위해 온몸을 바쳐 뛰어내린 것이다.

바다나 강에 빠진 가족이나 친구, 동료를 구하려다 자신이 익사하는 사고도 끊이지 않는데, 이 애타행동도 비상시 규범의 틀 안에서 파악할 수 있다.

또 하나의 사례를 덧붙여보자.

1982년 1월 13일 미국의 수도 워싱턴 시에서 일어난 일이다. 이날, 워싱턴 시는 오후 내내 폭설이 내렸다. 눈 때문에 폐쇄되었던 공항이 재개된 직후인 오후 4시경 플로리다항공 90편은 국내 공항을 이륙했다. 하지만 기체 착빙icing●으로 인해 고도를 높일 수 없게 되어 포토맥 강에 추락했다. 승객과 승무원 74명, 그리고 다리 위에서 일을 당한 4명을 포함해 총 78명이 이 사고로 사망했다. 기체는 꼬리 부분이 절단된 상태였다. 구조헬기가 왔을 때 기체의 주요 부분은 수중에 가라앉았고 떠 있는 꼬리 부분을 붙잡은 여섯 명만이 뼈가 시릴 정도로 차가운 물속에서 구조를 기다리고 있었다.

여섯 명 중 다섯 명이 구조되었는데 구조되지 못해 죽은 한 명에 대해서 구조헬기 조종사는 "이렇게까지 자기를 희생하는 사람은 본 적이 없다"고 말했다. 그 영웅적인 인물인 중년 남성은 헬기가 처음 구명튜브를 내렸을 때 다른 사람에게 순서를 양보했고 다시 헬기가 돌아와 이 남성에게 구명튜브를 내렸으나 또 다른 여성에게 순서를 양보했다. 그는 얼음처럼 차가운 물속에서 떠 있는 기체機體를 잡은 채로 마지막 구조를 기다렸다. 그리고 세 번째로 헬기가 돌아왔을 때 그 남성은 보이지 않았다고 한다.

이 비행기 사고에는 또 하나의 에피소드가 있다. 당시 대통령이었던 로널드 레이건은 "포토맥 강에서 일어난 끔찍한 비극에서도 우리는 가

● 공중 또는 지상에서 항공기에 부분적으로 얼음이 부착하는 것.

장 훌륭한 미국의 영웅정신을 목격했습니다"라고 칭찬했다. 연방의회 예산국 직원인 레니 스커트닉스Lenny Skutniks의 애타행동을 말한 것이었다. 레니는 차디찬 포토맥 강에 뛰어들어 22세 여성 프리실라 티라도Priscilla Tirado를 구조했다. 그녀는 헬기의 구조밧줄을 잡았으나 이내 놓치며 영하의 물속에 빠졌는데 구조가 조금만 늦었어도 심장마비로 곧 사망했을 것이라고 그녀를 진찰한 의사는 말했다.

사회적 규범은 많은 동조자를 얻는 것으로 확고해진다. 그리고 애타행동을 실천하는 사람들의 존재 자체가 주위 사람들 사이에 애타행동을 촉진하는 분위기를 만들어낸다. 이처럼 좋은 역할 모델이 있다면 애타행동을 모방하는 사람들이 늘어 전체적으로 그러한 정서를 만들 수 있다는 측면을 놓치지 말자.

2) 암흑의 지명 효과

피해자가 구조자를 지명해 구조를 의뢰하는 경우에는 애타적인 구호행동이 더욱 쉽게 일어날 수 있다. 예를 들어 "저기요, 저 좀 도와주세요!"라고 직접 가리키면 단순히 "도와주세요!"라고 막연하게 외칠 때보다 구호행동이 일어나기 쉽다는 것이다.

이것을 설명하기 위한 적절한 사례가 있다.

발트 해는 북구 스칸디나비아 반도와 유럽에 둘러싸인 북유럽의 '지중해'다. 덴마크, 스웨덴, 핀란드, 러시아, 에스토니아, 라트비아, 리투아니아, 폴란드, 독일이라는 많은 나라들이 이 바다의 해안에 위치하고 있다. 1994년 9월에 제2차 세계대전 이후 유럽 최대 규모의 해난 사고가 일어났다. 에스토니아의 탈린을 출발해 스웨덴의 스톡홀름으로 향하던 대형 페리 '에스토니아 호'가 발트 해 중앙에서 거친 파도 때문에 침몰했고 이 사고로 852명이 사망했다.

침몰하는 '에스토니아 호'의 갑판에서 양쪽 다리에 부상을 입은 중년 여성은 스웨덴인 켄트 하르슈테트Kent Härstedt를 손가락으로 가리켜며 "당신이 나를 구해주세요"라고 말했다. 즉 구조자로서 지명한 것이다. 하르슈테트가 자신의 체험을 쓴 『죽음의 바다에서의 생환 ─ 에스토니아 호 침몰, 그리고 이야기는 만들어졌다』에 따르면, 그러한 눈빛과 지명은 목숨을 걸고 상대방을 구할 수 있을지 없을지를 순간적으로 결정하게 만드는 강한 효과를 갖고 있다고 했다. 구명조끼를 입고 있지 않았던 이 여성에게 하르슈테트는 가까스로 구명조끼를 찾아 입혔다. 만약 지명과 요청을 받지 않았다면 배가 가라앉는 대혼란 속에서 자신의 일은 까맣게 잊고 이런 애타행동을 할 여유는 없었을 것이다. 중년 여성은 지명을 한 덕분에 전혀 모르는 타인이 보여준 애타행동으로 생환할 수 있었다.

이 정도로 명시적이지 않더라도 애타적 지원을 하는 측에서 지명되었다는 자각을 느끼면 그것에 동반해 의무감이 따라오므로 재해 시에 애타행동을 유발할 수 있다. 이것은 시선을 떼지 않은 채로 몸을 붙잡고 "도와줘"라고 외친 중년 여성의 경우처럼 직접적이고 집요한 지명효과는 아니지만 애타행동을 불러일으키기에 충분히 효과적일 때가 많다.

1983년 5월 동해 중부 지진 직후의 쓰나미로 근해에 휩쓸린 초등학생들을 눈앞에서 본 어부들은 이 아이들이 자신들을 지명해 "살려주세요!"라고 마음속으로 애원하고 있다고 직감했고 자신들이 아니면 아이들은 죽을 것이라고 자각했다. 재해 시에는 이처럼 피해자로부터 '지명되었다'라는 의식이 일어나기 쉽다. 하지만 지명되었다는 의식이 없는 경우 우리는 냉담한 방관자가 된다. 그러한 사례를 이어서 소개하겠다.

뉴욕에 거주하던 키티 제노비스Kitty Genovese라는 젊은 여성이 있었다. 그녀가 사망한 지 20주년이 되던 날에 캘리포니아 주의 『새크라멘토 비The Sacramento Bee』라는 지역신문이 특집기사를 낼 정도로 그녀의 이름은 널리 알려져 있었다. 나는 1984년 3월 13일에 당시 캘리포니아에서 실시되고 있던 지진 대책을 조사할 목적으로 그곳에 체류하던 중 우연히 그 지역신문의 특집기사를 읽게 되었다. 키티 제노비스는 많은 사람들이 그녀를 지켜보고 있었으나, 단 한 사람으로부터도 도움을 받지 못하고 살해되었던 것이다.

지금의 미국이라면 이러한 사건이 일상적으로 일어날 테지만, 키티가 살해된 1964년 당시의 미국은 냉전시대였고 실질적인 '리스크 사회'로 가는 문을 연 계기가 된 베트남 전쟁에 본격적으로 개입하기 전이었으므로 옛 미국의 자취가 남아 있고 안전한 시민생활이 보장되는 시기였다. 결론부터 말하자면 미국 사회가 받은 충격은 매우 컸다. 구체적인 상황은 다음과 같다.

1964년 3월 13일 새벽 3시가 지나 일을 마친 키티는 아파트 주차장에

차를 주차시킨 후 차에서 내렸다. 이상한 남자가 뒤따라오기에 경찰 비상통보용 전화박스로 향하던 중 피습되어 칼에 찔렸다. 그녀는 "살려주세요! 칼에 찔렸어요!"라고 외쳤다. 아파트 주민들이 전등을 켜고 창문을 열어 상황을 보고 있었기에 범인은 바로 현장을 떠났다. 그리고 주민들은 전등을 끄고 창문을 닫았다. 부상을 입은 키티가 자신의 아파트를 향해 걸어가는 것을 보던 범인은 다시 돌아와 그녀를 찔렀고 그녀는 도움을 구하며 절규했다. 아까와 마찬가지로 주위의 아파트 전등이 켜지고 창문이 열렸으나 도움을 청하는 그녀의 목소리를 두 번이나 들었으면서도 누구도 경찰에 전화하거나 구하러 나오지 않았다. 범인은 또 도주했고 상황은 방금 전과 똑같았다. 그녀는 아직 살아 있었다. 자신의 아파트 현관 바로 앞까지 기어가던 그녀는 또다시 나타난 범인에게 세 번째 공격을 당했다. 그녀는 소리를 쥐어짜며 비명을 지른 후 죽었다. 이 마지막 비명을 듣고 경찰에 전화한 사람이 있었지만, 경찰이 나타났을 땐 이미 키티 제노비스는 사망한 상태였다.

도움을 요청하는 키티의 절규를 들은 사람들은 38명이나 됐다고 한다. 이 정도로 많은 사람들이 왜 냉담한 방관자가 되었을까. 사회심리학자 존 달리John Darley와 빕 라타네Bibb Latané 두 사람은 '제노비스 신드롬(방관자 효과)'이 발생한 이유를 조사했고, 두 개의 심리 프로세스가 움직인 결과 사람들이 방관자가 되었다고 말했다. 우선 목격자들은 무슨 일이 벌어졌는지 정보가 없었기에 주위 사람들이 어떻게 하는지 동정을 살폈다. 주위 사람들의 행동을 보고 자신의 행동을 결정하려고 한 것이다.

그러나 다들 아무것도 하지 않고 가만히 있었으므로 결국 자신도 가만히 있었다. 수상한 낌새를 감지했음에도 가만히 있던 많은 사람들은 아마 별일 아닐 거라고 여겼거나 이런 밤중에 예의 없게 큰 소리를 지른다고 생각하며 다시 잠자리로 돌아갔을지도 모른다. 이 두 명의 심리학자는 이것을 '사회적 영향 프로세스 social influence process'라고 부르고 있다.

그들이 설명하는 심리적 과정은 무척 설득력 있어 보인다. 책임감의 분산이 사람들을 움직이지 않게 한 이유라는 것이다. 주변에 자신과 똑같은 상황에 놓인 사람들이 많으면 내재됐던 심리효과가 작동한다. 사람이 많이 있으니까 자신이 도와주러 나가거나 경찰에 연락하지 않아도 누군가가 그렇게 할 것이라는 타자 의존적인 감정이 생기는 것이다. 그 결과 누구도 책임을 지지 않는, 전체적으로 무책임해지는 상태를 낳는다. 이렇게 사람들이 많은 곳에서 책임의식이 희박해지는 현상은 자신의 주위에 사람이 많으면 많을수록 더욱 현저해진다.

재해 시에는 '방관자 효과'와 같은 일이 일어나는 경우가 드물다. 눈앞에서 무엇이 일어나고 있는지가 명백히 보이는 상황에서는 가까이 있는 사람을 돕고 서로를 동정하게 되므로 구호행동이 억제될 일이 없다. 책임이 분산되는 일도 일어나지 않는다. 분초를 다투어 구조해야만 할 때는 앞서 서술한 비상시 규범이 '지명 의식'을 환기시키기 때문에 '누군가가 하겠지'라며 다른 사람에게 책임을 떠넘기고 자신은 책임에서 벗어나는 일은 거의 일어나지 않는다. 물론 구조자의 체력이나 상황에 따라 다르겠지만, 어느 정도의 애타행동은 일어나기 쉽다.

예를 들어 젊은 남녀가 격하게 다투는 장면을 목격했다고 해보자. 약한 자를 보호하라는 사회적 규범을 따라야 할지 고민하면서도 만약 둘이 부부라면 '부부싸움은 칼로 물 베기'라는 사회적 규범이 있다는 것도 떠올린다. 혹은 그냥 두면 부상을 입을 수도 있으니 안전을 위해 중재라는 사회적 규범을 따르는 것이 좋을지도 모른다고 생각한다. 이런 규범 속에서 어떤 선택을 취할지 결정하는 것은 쉽지 않다. 이런 딜레마를 해결할 수 없기에 결국은 보고도 모른 척하며 아무것도 하지 않는다. 반면 비상시 규범은 긴급사태 시에 대응하는 규범이고 이때는 다원적 규범의 규정력은 일시 정지한 채 비상시 규범으로 일원화되므로 우리는 어떤 규범을 취할지 고민하지 않게 된다. 이것도 재해 시에 애타적인 지원행동이 일어나기 쉬운 이유다. 만약 키티가 "존, 살려주세요!", "메리, 살려주세요!"라고 구조자를 지명했다면 사건은 전혀 다른 방향으로 전개되어 목숨을 구했을지도 모른다.

자원봉사 활동

1) 한신 대지진의 자원봉사

한신 대지진이 일어난 1995년은 일본의 자원봉사 원년이라고 불린다. 나는 때마침 일 년간 일을 쉴 수 있었기에 고베를 자주 방문했다. 당시 이재민을 돕고 싶어 하는 선의의 볼런티어(자원봉사자)가 일본 전역에서 피해지를 향해 모이는 것을 보며 일본 사회의 새로운 변화에 감명을 받았다. 매스미디어나 인터넷으로 지진의 참상을 알게 된 고등학생과 대학생 등 젊은이들을 중심으로 다양한 세대의 남녀가 지진으로 인해 대중 교통수단도 끊기고 많은 것이 파괴된 피해지역에 모여들었다. 재해 구호와 토목공사 차량으로 혼잡한 도로의 가장자리를 운동화를 신고 배낭을 멘 채 걸어서 혹은 오토바이를 타고 관개용수로의 물줄기처럼 천천히 흐르듯 이동하는 것을 보았다. 지진 발생 후 3개월 동안 자원봉사로 참가한 인원은 117만 명에 달했다고 한다.

대다수의 자원봉사 참가자는 지금까지 이런 활동을 한 적이 없는 사람들이었기에 무엇을 하면 좋은지, 어디서 묵어야 하는지 다소 혼란도 있었고 자원봉사 참가자와 시청과 구청, 사회복지협의회 등의 엇갈린 의견 탓에 갈등도 있었다. 그러나 그들의 존재가 이재민들에게는 대단히 큰 도움과 위로가 되었고 또한 자원봉사에 참가한 당사자들에게는 자신이 필요한 존재라는 충만감을 느끼게 했다. 곤란한 상황에 놓인 타인을 위해 자신도 무언가를 할 수 있다는 자신감은 자원봉사 참가자들이 얻을 수 있는 가장 큰 경험이 되었을 것이다. 일반인 볼런티어뿐만 아니라 의사나 간호사, 학교 교사 등 특별한 직종에 종사하는 많은 사람들도 솔선해서 볼런티어의 물결 속으로 흘러들어왔다. 임상심리가 전문인 나의 동료도 학생들을 인솔해 피해지역 아이들의 심리치료에 나섰다.

한신 대지진은 정점에 달했을 때 이재민 수가 32만 명, 재해 관련사를 포함한 사망자가 6,430명에 이를 정도의 대형 재해였다. 제2차 세계대전 이후 일본 최대의 재해였다는 것도 이유였겠지만 텔레비전과 신문 등의 매스미디어가 연일 큰 비중을 두고 대형 참사를 전국적으로 보도한 것도 애타행동을 환기시키는 데 큰 역할을 했다. 그런 의미에서 매스미디어가 끼친 영향은 무척이나 컸다.

나는 사반세기에 걸쳐 재해지역에서 재해조사를 벌였는데 내가 경험한 재해 역사의 초창기를 돌이켜보면 재해 현장에서의 자원봉사 활동이란 거의 밥을 짓는 등의 지극히 한정되고 직접적인 활동이었다. 그 외에는 각지에서 보내온 의류나 성금 등이 주로 제공되었다. 그리고 이재민의 구체적이고 실질적인 지원은 도도부현과 시정촌 등의 지방행정이 모든 일을 맡았다.

그런데 최근 십 년 사이에 상황은 크게 바뀌어서 자원봉사 활동이 사회복지의 다양한 분야에서 일상화되었다. 한신 대지진의 자원봉사 물결에도 이러한 사회의식의 변화가 크게 반영되었던 것이다.

2) 이재민을 돌보는 자원봉사

나는 지금까지 재해현장에서 이재민을 상대로 앙케트 조사를 실시해왔는데 한신 대지진의 경우에도 일정 시간의 간격을 두고 같은 장소에서 앙케트 조사를 반복했다. 지진 발생 후 일 년 반쯤 지났을 때 고베시에 있는 최대 가설주택의 모든 가정을 대상으로 앙케트를 벌였다. 그 결과 다음과 같은 사실을 명확히 알 수 있었다.

93퍼센트의 가정에서 자택이 전소되거나 붕괴되었다. 43퍼센트의 가정이 70세 이상의 노령자가 있는 세대였다. 또한 전체 인원 중 47퍼센트가 혼자 살았다. 생계를 짊어진 사람의 50퍼센트가 실업 상태이거나 무직이었다. 가족의 연수입이 2백만 엔을 밑도는 가정이 반수 이상이었다. 또한 재해를 겪은 후 건강이 나빠진 가족이 있는 가정이 37퍼센트나 되었다. 노인의 건강상태는 우려할 정도였고 고혈압, 류머티즘, 당뇨병 등 특정 질병은 악화되었다. 그 외에 암, 뇌종양, 심장병, 급성간경화, 자율신경 실조증 등 재해 후에 있을 법한 종류의 병이 저항력이 약한 노령기의 사람들을 고통스럽게 했다. 가설주택에는 노령과 고독 그리고 빈곤과 질병이 함께 동거하고 있었다.

또한 많은 사람들이 재해 후의 스트레스 증세를 겪고 있었는데 앙케트 용지의 자유기술 칸에는 다양한 불안과 두려움이 적혀 있었다. 아내가 스트레스로 가설주택 안에서 유산했다는 32세의 남성, 지진 후 일년이 지났는데 지금도 옷을 입은 채 침낭에서 잔다는 41세의 여성, 부부가 서로 짜증을 부리고 쉽게 화를 낸다는 72세의 남성 등. 그리고 집이 완전히 붕괴된 49세의 남성은 "집의 일부만 붕괴된 친구의 집에 가면 무척 위화감이 든다. 친구는 변함없이 전처럼 생활하는데 나는 25년간 이뤘던 모든 걸 잃어버렸으니까……"라고 썼다. 피해의 불평등감 또한 이재민을 괴롭히는 것이다.

히로시마의 피폭에서 살아남은 사람들 중에는 "다시 한 번 번쩍 터져서 모두가 똑같이 되면 좋겠어……"라고 말한 사람도 있었다. 운이 좋아 살아남았어도 피해 크기가 현저하게 다르면 모든 것을 잃은 사람들과 거의 손실이 없는 사람들 사이에 큰 갭gap이 생기고, 이로 인한 불평등감과 불가해함이 이재민을 더욱 고통스럽게 한다. 이 갭을 의식해서 겪게 되는 정신적 고통을 완화시켜주는 것이 자원봉사자들의 활동이다.

한신 대지진 이후 여러 곤란한 상황과 스트레스로 고통받는 이재민의 마음을 위로해준 것은 가정방문이나 생활상담, 청소, 세탁, 밥 짓기 등 집안일을 돕는 자원봉사자들이었다. 또한 가설주택 내에 효고 현이 설치한 이재민 자치 볼런티어와 현과 고베 시가 공동으로 운영한 '만남의 센터'도 재해 이후 이재민 구호에 큰 역할을 했다. 많은 사람들의 선의를 통해 이재민의 심신은 점점 회복되고 치유되어갔다. 만약 자원봉사 활동이 없었다면 한신 대지진의 이재민 상황은 더욱 비참했을 것이다. 현재는 재해 시의 자원봉사 활동의 중요성이 점점 높아지고 있으므로 정치와 행정은 사람들의 선의가 자원봉사 활동으로 전환될 수 있는 시스템을 충실히 다져야 할 것이다. 자원봉사는 사람과 사람 간의 균열을 메우고 이재민의 원활한 회복을 위해 꼭 필요한 동력원이자 윤활유다. 동시에 자원봉사자 자신에게도 중요한 인간적 성장의 계기가 되기도 한다.

3) 볼런티어의 힘을 어떻게 활용할 것인가

지금까지를 돌이켜보면 재해 피해를 입은 주민들이 피난을 하면 지방자치단체가 떠안아야 하는 부담은 매우 커서 감당할 수 있는 한도를 훌쩍 넘어설 수밖에 없었다. 특히 개개의 자치단체 직원들이 짊어져야 하는 책임과 일의 양은 너무나 과중해서 행정 마비를 일으킬 정도였다. 피난시설의 확보에서 유지, 피난민의 급식 배급, 위생상태 관리에서 건강 체크까지 도도부현과 국가의 보조를 받기는 하지만 시정촌이 주체가 되어 실시해야 했다.

한신 대지진처럼 대규모 재해가 발생하면 엄청나게 많은 이재민을 장기적으로 구호해야 한다. 하지만 인력은 절대적으로 부족하다. 그 결과 지방행정의 힘이 상당히 약화되어 공공서비스의 회복이나 재해 부흥이 늦어지는 원인이 되기도 한다. 피해자의 응급대책에 총력을 기울이는 재해 바로 직후의 시기는 동시에 행정 측에서도 재해 부흥의 방향을 결정해야 하는 무척 중요한 시기이다. 따라서 행정이 업무에 전념할 수 있는 환경을 만드는 것은 부흥계획의 입안 등 재해 이후의 미래를 위해서라도 절실히 필요하다. 이 위기를 넘어서기 위해서는 이재민 구호에 민간의 선의를 적극적으로 도입해야 한다. 예전에는 자원봉사 인원이 채워지는 즉시 남은 참가자들을 방해자로 취급하기도 했으나, 지금은 이재민의 구호에 자원봉사자의 힘을 적극적으로 활용해서 무한한 그들의 잠재력에 의존해야 하는 실정이다.

예를 들어 한신 대지진에서는 이재민의 피난소로 지정된 공립학교, 자치문화센터, 시청 등의 시설관리자가 그대로 피난소의 관리·운영의 책임자가 되었다. 나는 당시 피난소로 지정된 초등학교와 중학교에 묵으면서 피난민을 돌보던 몇 명의 교장과 교사를 만났는데, 그들은 피난소 운영과 이재민을 보살피는 것만으로도 몹시 분주해 원래의 업무인 아동과 학생을 돌보는 일을 할 수 없다고 했다. 비상사태일수록 오히려 아이들의 심신 건강과 배려 그리고 교육이 더욱 중요한 업무가 되어야 한다. 그것을 방치해서는 좋을 게 없다.

이미 세 번이나 언급한 것처럼 앞으로 닥칠지 모를 대규모 재해에서 이재민의 구호를 행정기관이 전부 떠안는 것은 불가능하다. 정부와 지방자치단체는 책임 능력이 있는 재해 구호를 위한 NGO(비정부조직)나 NPO(사회적 활동을 목적으로 하는 비영리 민간조직)를 공적기금 조성을 통해 적극적으로 육성해야 한다. 또한 그 조직이 기업과 일반 시민에게서 쉽게 기부금을 받을 수 있도록 세금 우대 장치를 철저하게 만들어야 할 것이다. 일본의 경우 1998년 NPO법(특정비영리 활동촉진법)이 성립된 이후 이 법률은 여러 번 개정을 거듭해 현재에 이르렀다. 하지만 NPO가 제대로 된 재원을 확보해 자립적으로 활동할 수 있기 위해서는 NPO법의 개정이 한층 더 필요하다.

여하튼 이 법률이 성립되어서 NPO 활동이 법적으로 존재 가치를 인정받았고 일본 사회에 제대로 자리 잡을 수 있게 되었다. 각종 NPO 법인 수는 1만 개 이상에 달하며 의료, 복지, 재해 구호 등의 분야에서 빠트릴 수 없는 역할을 맡고 있다. 사회학자인 수가 마시호曹磨志保에 따르면, 도쿄 도와 가나가와 현 등은 이미 방재시스템 속에 볼런티어 활동을 편성해놓고 있고, 한신 대지진을 계기로 만들어진 '전국 재해지원 네트워크'나 '폭설이 맺어준 전국 네트워크'처럼 재해 시 구호를 목적으로 한 전국적인 볼런티어 단체가 연결되어 실제로 가동되고 있다고 한다.

　충분한 자격이 있다고 인정되는 NGO나 NPO에 대해서는 현재 지방행정이 담당하고 있는 이재민 구호 업무를 가능한 한 권한과 함께 위양해야 한다. 미국의 적십자와 구세군, 메노나이트 재해구조대^{MDS} 등의 NGO와 NPO는 재해 시 피난소 설치 운영이나 관리, 급식 배급, 피해주택의 응급수리 등을 책임지고 있다. 이들 전미적인 재해지원 NGO와 NPO를 핵심으로 1970년 5월에는 '재해 시 활동 전미 볼런티어 조직연맹^{NVOAD}'이 설립되었다. 현재 이 연맹에 가맹한 NGO와 NPO는 40개 정도이고, 연방정부의 연방응급사태관리청^{FEMA}과 밀접하게 제휴하면서 재해 구호를 위한 NGO, NPO들의 연락과 조정을 실시하고 있다. 서유럽에서도 NGO와 NPO가 재해 구호를 위해 활약하고 있다.

　재해 시에는 사회에 편재한 민간 소프트 파워, 즉 선의의 볼런티어를 적극적으로 활용할 필요가 있다. 그중에서도 가장 필요한 것은 경험이 많고 더 조직적이고 기민하게 활동할 수 있는 자원봉사 단체다. 의사와 간호사, 교수, 상담사, 건축사, 영양사 등 다양한 직업적 능력과 전문지식을 갖고 있는 볼런티어 단체가 몹시 필요하다. 그들이 정부나 지방자치단체의 재정원조와 일반인으로부터 받은 기부금을 기반으로 항시적인 자원봉사 조직으로서 다가올 재해를 대비한 준비체제를 만들 수 있다면, 이재민 지원뿐만 아니라 사회복지에도 매우 큰 공헌을 할 수 있을 것이다. 그리고 물론 자원봉사 참가자가 얻는 충실감과 만족감도 무척 클 것이다.

이재민을 구호하는 인적 자원으로는 사회에 강하게 묶여 있지 않은 젊은이들과 중년층 이상이 자원봉사 활동의 물길을 길어 올리면 좋을 것이다.

7

부활의 길

사회 변동의 원인으로서의 재해

지금까지 재해와 개인의 관계를 주요 테마로 살펴봤다면 이 장에서는 재해와 사회의 관계에 초점을 맞추고 싶다.

여러 개별 사회를 떠올려보자. 제2차 세계대전 후의 일본 사회는 어땠을까. 그로부터 약 70년이 흘렀다. 미국 사회가 영국으로부터 독립선언을 한 지도 대략 240년에 이르고 있다. 소련은 1917년에 성립해 1991년에 붕괴되었으므로 약 4분의 3세기 정도 지속되었다. 에도 막부는 도쿠가와 이에야스德川家康가 막부를 연 후 도쿠가와 대정봉환大政奉還*까지 265년의 수명을 다했다. 이처럼 사회도 국가도 영원히 존속하는 경우는 없다.

완급의 차이를 별개로 치면, 인간사회는 개개의 인간들처럼 한순간도 멈추지 않고 끊임없이 변화한다. 사회시스템에 이런 변화를 일으키는 요인은 내적인 것과 외적인 것으로 나눌 수 있다. 내적 요인은 사회시스템 그 자체의 주기마다 대응하는 각 단계가 품고 있는 활력이라는 힘이다. 이 활력의 신장과 융성과 쇠퇴는 사회시스템의 내적인 잠재력에 크게 영향을 받는다. 그러한 잠재력을 나타내는 지표로는 예를 들어 경제력의 확대나 정치적 발전, 사회적 동기의 증진, 진취성, 경우에 따라서

● 1867년 일본의 에도 막부가 천황에게 국가 통치권을 돌려준 사건.

군사력 등이 포함된다. 매우 추상적으로 들리겠지만, 사회시스템의 활력은 내적인 잠재성을 드러내는 여러 지표가 함께 뿜어내는 에너지이고 그것은 사회 변동을 좌우하는 근본적인 요소 중 하나다. 어떠한 사회시스템도 역사적으로 보면 성장, 성숙, 쇠퇴, 붕괴의 순환을 거친다. 사회가 어느 정도 젊고 유연하고 강한 활력을 갖고 있느냐에 따라, 즉 활력을 만들어내는 내적인 잠재력이 얼마나 풍부한지에 따라 사회를 내부로부터 변혁하고, 외부로부터 가해지는 파괴적인 충격에 저항할 수 있는지 없는지 여부가 결정된다.

사회에 변화를 가져오는 또 하나의 요인은 해당 사회의 외부에서 필연적으로 혹은 우발적으로 끊임없이 일어나는 긍정적인 혹은 부정적인 다양한 힘이다. 재해는 그러한 변동 원인의 하나로 생각할 수 있다. 사회에 충격을 가하고 사회 변화를 초래하는 힘으로 재해를 바라본다면 피해를 입은 사회는 어떠한 경위를 거쳐서 어떻게 변화해갈까. 이것에 대해 생각해보자.

만약 사회나 국민이 왕성한 활력을 갖고 있다면, 전쟁을 포함한 넓은 의미의 대형 재해를 만난다고 해도 파괴에서 회복되는 것뿐만 아니라 폐허 위에 이전보다 더 큰 발전과 번영을 이룰 수 있다. 제2차 세계대전 후의 일본이나 독일의 예도 그렇고, 관동 대지진 후의 도쿄도 그렇다. 일본과 독일에 대해서는 새삼스럽게 말할 필요도 없겠지만, 관동 대지진 이후의 도쿄에 대해서는 조금 이야기해보고 싶다.

1923년 관동 대지진 이전의 도쿄는 정치와 문화의 중심지였으나, 경제와 상업에서는 오사카와 어깨를 견주지 못했다. 그러나 재해 부흥 과정에서 도쿄의 도시 기능이 현격하게 정비되었기에 부흥 이후의 도쿄는 문자 그대로 일본의 정치, 경제, 문화의 중추로 발전했다. 이 경위의 배후에는 대*도쿄라는 사회시스템의 탁월한 활력은 물론이고 도쿄의 일극집중一極集中*을 국책으로 한 당시 일본 정부의 의도가 깔려 있었음은 물론이다. 따라서 지금의 대도시 도쿄의 골격은 지진 이후의 부흥 과정에서 큰 틀이 만들어진 것이다. 22년 후 제2차 세계대전 말기에 도쿄는 대공습에 의해 다시 파괴되었음에도 불구하고 종전 후 또다시 눈부시게 발전했다. 이것도 같은 이유에서였다.

사회 활력이 강건하지도 않고 그렇다고 약하다고도 말할 수 없는 상황에서 대형 재해를 만나면 어떤 일이 벌어질까. 사회 외견상으로는 재해에서 회복하고 부흥한 것처럼 보여도 많은 경우 이전에 담당했던 도시 기능이나 사회적 기능을 부흥에 힘쓰느라 잃어버리는 경우가 적지 않다. 예를 들면 한신 대지진 이후 고베는 멋지게 부흥한 것처럼 보이지만, 실상은 다르다. 일본을 대표하는 항구도시인 고베의 항구 기능은 다시 복구되었으나 화물 운송량이나 하역량은 재해 전의 수준에 미치지 못하고 있다. 파괴된 항구 기능이 복구되는 사이에 '세계의 고베'는 도쿄와 오사카, 한국의 부산 등에 그 기능을 흡수당했기 때문이다.

재해과학자인 가라타니 유카柄谷友香에 따르면, 지진으로 파괴된 15만

● 국가적으로는 정치, 경제, 문화, 인구 등이, 사회적으로는 자본, 자원, 활동 등이 수도권(특히 도쿄)에 집중되는 것을 말한다.

가옥의 재건 붐은 도쿄와 오사카에 본사를 둔 대기업 건축회사에 이익을 가져다주었다. 하지만 그것은 십 년분의 신규 수요에 해당했기 때문에 그 지역 건축업에는 새로운 주택 수요 전망이 보이지 않는 어려운 상황을 초래했다. 또한 가라타니는 지진 이후 고베의 인구 동태를 살피면서 고베가 시내로 사람들을 끌어들이는 매력을 잃어가고 있다고 우려했다.

1906년 4월 샌프란시스코 지진이 일어났을 때도 비슷한 일이 있었다. 당시 샌프란시스코는 미국 서해안의 최대 도시로 캘리포니아의 정치, 경제, 문화의 중심이었다. 그러나 매그니튜드 8.3이라는 대형 지진에 의해 이 도시의 기능이 파괴되었다. 지진 재해로 인해 그때까지 담당하던 정치, 경제의 중심적인 역할을 해내지 못한 결과, 캘리포니아의 중심은 남쪽인 로스앤젤레스로 옮겨갔다. 샌프란시스코는 재해에서 회복했으나, 재해 후유증으로 오랫동안 고생했다.

사회시스템의 활력이 빈약, 빈곤하고 지배층이 고정화되어 있으며 노령화한 사회의 경우는 어떠할까. 내부 및 외부 지원을 받거나 새로운 에너지를 흡수할 수 없는 사회시스템은 외부로부터의 재해 충격에 의해 간단히 해체되고 와해되기도 한다. 사회시스템의 활력이 고갈된 상황에서 대형 재해를 입게 되면 사회나 국가 체제는 그것을 계기로 쇠락의 길을 걷기 쉽다. 5장에서 언급한 허리케인 '오드리'에 강타당한 루이지애나 주 캐머런 카운티의 흑인 커뮤니티처럼 사회시스템의 활력이 감퇴하는 경우에는 커뮤니티 자체가 완전히 괴멸될 수도 있다. 1972년 12월 중미 니카라과의 수도 마나과에서 일어난 사건도 그러하다. 이 당시 매그니튜드 6.2의 직하형 지진으로 5천 명이 사망하고 30만 명이 집을 잃었다. 이 지진으로 더욱 피폐해진 많은 국민들은 반정부 성향을 드러냈고, 산디니스타 민족해방전선의 게릴라 활동에 점점 더 지원을 강화했다. 그 결과 좌익 세력은 독재자로 오랜 세월 군림해온 아나스타시오 소모사 장군과 그 일족을 추방하고 혁명정권을 세웠다. 니카라과의 사회주의정권 수립의 직접적인 원인은 이 지진이었다고 일컬어진다.

사회의 활력이 흘러넘칠 정도로 왕성하면, 재해에 맞닥뜨리더라도 손실을 극복할 수 있고, 전화위복으로 삼아 오히려 낡은 것을 새것으로 교체해 신진대사를 촉진하는 좋은 계기로 이용할 수 있다. 하지만 사회시스템에 혁명적인 동기나 새로운 리더십의 힘이 빈약해 활력에 그늘이 보이기 시작하면 재해 피해의 흔적에 오랫동안 끌려 다니게 된다. 요컨대 재해를 경계로 해서 "아, 옛날이여" 하는 상황이 될 수도 있는 것이다. 거듭 말하지만 사회시스템의 활력이 쇠락해가면 재해는 사회시스템의 운명을 결정짓는 중요한 계기로 작용할 수 있다.

재해 사회가 외부 지원을 이끌어내는 조건

재해를 입은 사회시스템의 외부를 둘러싼 '환경사회시스템'을 생각해보자. 환경사회시스템의 적극적인 재해 지원이나 구조가 없다면, 피해를 입은 사회시스템이 단독으로 피해자를 수색하고 구호하는 것도 어려울뿐더러, 재해 이후의 부흥을 독자적으로 일으키는 것은 더더욱 쉽지 않을 것이다. 따라서 재해를 입은 사회시스템이 어떻게 재해를 헤쳐 갈 것인지의 행방은 환경사회시스템의 성격이나 특징에 크게 좌우된다. 특히 재력이나 인적 자원(선의의 자원봉사자) 같은, 구호와 원조가 가능한 충분한 잉여능력이 있는가 하는 것이 재해 부흥을 위한 중요한 조건이 된다. 재해를 입은 사회는 상위 시스템인 환경사회시스템에 구호와 원조를 요청한다. 만약 재해를 입은 사회시스템이 재해로부터 재기해 충분히 부흥할 수 있을 만큼 환경사회시스템으로부터 원조를 받을 수 있다면, 적어도 외관상의 부흥은 원활하게 진행될 것이다.

1963년 7월 구 유고슬라비아의 스코페Skopje(현재 마케도니아의 수도) 시에서 지진이 일어나 1,100여 명의 사상자가 나왔다. 정부의 추정으로 이 도시의 부흥에 최소한으로 잡아도 국가 예산의 10퍼센트가 필요하다고 판명되었다. 그러나 환경사회시스템으로서의 유고슬라비아는 재해를 입은 사회시스템인 스코페 시를 충분히 원조할 수 있을 만한 경제적인 능력이 없었다. 그로 인해 재해 부흥은 진행되지 못했고, 스코페 시는 더욱더 심각한 재해 취약성을 떠안은 채 앞으로 다가올 여러 재해에 대한 불안마저 안게 되었다.

스코페 시와 대조적인 사례가 있다. 1964년 3월에 일어난 알래스카 지진으로 큰 피해를 입은 알래스카 수어드Seward 시의 경우다. 알래스카 주 최대 도시인 앵커리지 부근을 진원으로 한 매그니튜드 8.5의 대형 지진이 일어났다. 앵커리지의 외항으로서 한겨울에도 얼지 않는 항구를 갖고 있는 수어드 시는 철도와 고속도로를 기점으로 한 교통 요충지였다. 그래서 이 시는 알래스카 전 지역에 화물을 반입하고 반출하는 항구로서 알래스카 경제를 지탱하는 중심지를 점하고 있었다. 그런데 지진에 의한 지반 붕괴로 항만시설은 완전히 기능을 잃었고 파괴된 석유 저장 탱크에서 흘러나온 기름으로 대화재가 발생해 시가 불에 타기도 했다. 그리고 거대한 쓰나미마저 강타했다. 수어드 시는 괴멸되었다.

스코페 시의 경우와는 달리 연방정부와 주정부 그리고 민간으로부터 방대한 원조자금이 투입된 수어드 시는 급속하게 부흥했다. 하지만 문제가 발생했다. 재해 후에 그때까지 그 지역이 맡고 있던 역할에 변화가 생긴 것이다. 고베의 경우처럼 외견상은 부흥했으나, 실질적인 기능의 회복이 이루어지지 못했다. 재해가 기업의 시설과 공장을 파괴하면 기업은 새로운 시설을 어디에 짓는 것이 최선의 선택일지 고민할 수 있는 기회를 얻는다. 알래스카 지진은 수어드 시에 있던 기업이 다른 좋은 조건의 지역으로 옮길 기회를 주었기에, 기업은 파괴된 시설을 방기한 채로 철수할 수 있었다. 재해가 기업 효율을 높일 수 있도록 시설의 첨단화와 재배치를 용이하게 한 것이다. 수어드 시의 경우에는 스탠더드 오일과 텍사코라는 대기업 석유회사가 기능을 확장한 앵커리지 항으로 떠났고, 고베의 경우에는 고베 제강소와 가와사키 제철 등이 파괴된 고베 공장을 포기했던 것이다.

재해 부흥에 영향을 끼치는 요인의 연관성

재해 시 부흥을 좌우하는 세 가지 요인이 있다. 재해 규모, 재해를 입은 사회시스템의 활력, 환경사회시스템에서 투하된 인적·물적 원조량 등이다. 이들의 관계가 [그림7]에 표시되어 있다. 이 그림을 이용해 재해 부흥에 영향을 끼치는 요인의 연관성에 대해 살펴보자. ①부터 ④까지의 기호는 세 가지 요인이 재해 부흥에 끼치는 영향력을 루트로 표시한 것이다.

재해 규모가 크면 클수록 부흥 과정은 늦어진다. 다시 말해 그림에서 루트 ①은 재해 부흥에 마이너스 영향을 미친다. 그러나 동시에 재해 규모가 크면 환경사회시스템의 원조량도 커지고 원조량이 크면 클수록 부흥은 촉진되어 루트 ③은 부흥에 플러스 영향을 전달하게 된다. 재해

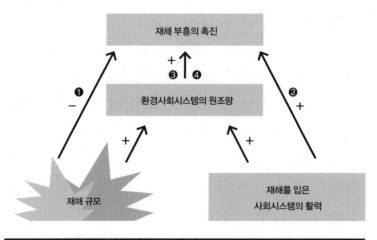

그림7 재해 부흥의 구조

규모의 직접적인 영향력과 간접적인 영향력이 제각각 마이너스와 플러스로 반대의 모순된 영향력을 갖는 것은 앞으로의 설명에서 중요한 의미를 갖는다.

재해를 입은 사회시스템의 활력은 재해 부흥에 직접적인 영향을 끼치는 루트 ②와 원조량을 매개로 간접적인 영향을 끼치는 루트 ④로 나뉜다. 루트 ②는 재해를 입은 사회시스템의 활력이 클수록 독자적인 힘과 눈앞의 인적, 물적 자원을 이용해 부흥 과정을 신속하게 촉진할 수 있기에 플러스 영향력을 가진다. 또한 루트 ④는 다음과 같은 영향력을 전달한다. 즉 재해를 입은 사회시스템의 활력이 클수록 환경사회시스템의 중요도가 커진다. 따라서 이러한 사회시스템이 재해를 입으면 환경사회시스템의 부흥 촉진을 위한 인적, 물적 자원의 배분이 최우선시된다. 결국 원조량이 크게 쌓여 늘어나는데, 원조량이 늘어나면 늘어날수록 재해 부흥의 진행은 가속화된다.

결론은 재해를 입은 사회시스템이 부흥할 수 있을지 없을지는 루트 ①부터 ④까지의 영향력의 총합에 의해 결정된다는 것이다. 총합이 플러스라면 부흥은 가능하지만, 마이너스라면 부흥은 분명치 않다.

대규모 재해가 일어났다고 해보자. 이 재해는 큰 피해를 초래하므로 루트 ①을 통해 부흥을 방해하는 마이너스 힘으로 크게 작용할 것이다. 한편으로 루트 ③은 부흥을 촉진하는 힘이 작용하기는 하지만 ③의 힘이 ①의 힘에 비해 약하기 때문에 단순히 큰 피해를 입었다는 것만으로 환경사회시스템에서 끌어올 수 있는 원조량은 재해 부흥을 이루기에는 충분치 않을 수도 있다. 루트 ①과 루트 ③의 힘의 합은 통상의 경우에는 마이너스가 된다.

그러나 만약 재해를 입은 사회시스템이 활력을 갖고 있다면 어떨까. 루트 ②와 루트 ④의 플러스 영향력이 더욱 합쳐진 결과 재해 규모가 초래하는 마이너스 영향력, 즉 루트 ①과 루트 ③을 합한 마이너스 부분이 소멸되어 전체적으로 총합은 플러스로 바뀐다. 그렇게 되면 재해 부흥이 가능해진다. 그러나 만약 재해를 입은 사회시스템의 활력이 약한 경우에는 루트 ②와 루트 ④의 영향력도 약하기 때문에, 재해가 초래하는 마이너스 영향력을 줄이지 못할 가능성이 높다. 이럴 경우 재해 부흥은 어려워진다.

사회시스템의 기능 변화

1) 핼리팩스 항의 폭발 사고로 알 수 있는 것

캐나다 동해안에 위치한 핼리팩스Halifax는 노바스코샤 주의 주도州都이다. 이 항구도시는 제1차 세계대전 때 독일-오스트리아군과 맞서 싸운 영국-프랑스 연합군의 북미 최대 군수물자 보급기지였다.

1917년 12월 6일, 오전 8시가 지났을 때였다. 프랑스 탄약운송선 몽블랑 호와 벨기에 운송선 이모 호는 조종 실수와 서로 교환한 신호를 오해하는 바람에 충돌해 몽블랑 호에 쌓여 있던 벤졸이 흘러넘치며 인화했다. 배는 불길에 휩싸였고, 선장과 승무원은 배를 침몰시켜 진화하려 했으나 탄약류의 폭발을 막는 것에 실패했다. 오전 9시경, 몽블랑 호에 대량으로 쌓여 있던 탄약이 폭발하기 시작했다. 이 대폭발은 항구 가까이에 저장되어 있던 탄약과 화약류도 폭발시켰다. 이 일련의 대폭발은 TNT 화약 8백만 톤을 넘는 대규모였고 핼리팩스 중심부의 5평방킬로미터를 완전히 파괴했다. 사망자 천5백 명, 그중에는 폭발 현장 근처에 있는 학교의 학생 197명도 포함되어 있었다. 중경상자는 2만 명을 넘었다.

이 폭발 재해는 핼리팩스 시를 급격히 변화시켰다. 사회학자 새뮤얼 프린스Samuel Henry Prince는 이 폭발 사고의 영향을 조사해 미국의 컬럼비아 대학에 「대참사와 사회 변화Catastrophe and Social Change」라는 박사논문을 제출했다. 재해가 불러온 사회적 영향에 대한 실증적인 연구는 프린스의 이 논문까지 거슬러 올라갈 수 있다. 그는 이 폭발 사고로 핼리팩스 시가 신속한 재건을 통해 이삼 년 사이에 급격하게 변모했는데, 통상의 경우라면 한 세대에 걸쳐서도 도달하기 어려울 정도의 큰 변화였다고 주장했다. 대형 재해가 사회 변화를 가속화시킨다는 것이 핼리팩스 사고의 결론이었다. 이것을 다른 식으로 표현한다면 재해사회학자 유진 하스Eugene Haas 팀이 언급한 것처럼, 재해가 끼치는 사회적 영향의 본질은 우선적으로 사회 변화에 있다. "급속하게 성장해온 커뮤니티는 재해를 입어도 급속하게 부흥하지만 변화 없이 정체되어 있거나 내리막길에 있는 커뮤니티는 재해 후 지극히 천천히 복구되거나 급격하게 쇠락한다"는 것이다. 이것은 앞에서 서술한 재해를 입은 사회시스템의 활력의 크기

가 부흥이 가능한지 아니면 쇠망의 길로 접어들 것인지를 결정하는 주
요한 요인이라는 것에 대응한다.

2) 재해는 재해 피해를 입은 사회의 효율성을 높인다

1977년 8월 홋카이도의 도야 호수 온천가(街)를 내려다보는 우스 산이
분화했다. 가장 큰 피해를 입은 것은 당시 홋카이도 관광 중심지 중 하나
였던 도야 호수 온천이었다. 즉시 '특별재해지역'으로 지정되어 정부와
도청에서 복구공사를 위한 방대한 보조금이 지출되었다. 또한 자연재
해융자법 등의 법률에 근거해 관광업자와 중소기업의 경영자에게는 어
음결제 정지와 은행의 자금융자가 실시되었다. 정부와 도청 등 환경사
회시스템의 원조를 받아 도야 호수 온천가는 급속하게 다시 일어섰다.

그런데 인프라 등의 외형적인 복구와 갱신에만 재해 부흥을 한정해
버리면 재해 부흥을 매우 단순화시킬 위험이 있다. 도야 호수 온천가도
사정은 같았다. 홋카이도 관광 시즌의 정점인 8월 초순에 다시 한 번 우
스 산이 분화해 한 달 동안 모든 호텔과 여관이 영업활동을 정지했다. 분
화한 해의 호텔과 여관의 이용객 수(숙박을 포함한 시설의 이용객 수)는 분
화 전년도의 3분의 2에도 미치지 못했다. 이것은 분화가 있었던 연도이
기에 당연히 수긍할 수 있는 대폭적인 감소다. 그러나 그 후의 추이를 보
면, 분화를 계기로 관광객은 점점 감소해 오랫동안 재해 전의 수준으로
회복되지 못했다.

우스 산은 2000년 3월에도 분화했다. 지난번처럼 도야 호수 온천 관

광객은 격감했다. 그러나 2000년의 분화는 1977년의 분화에 비해 규모가 작아서 분화한 다음 해부터 관광객은 다시 돌아와 현재는 사반세기 전인 1977년 8월의 분화 이전의 수준을 넘어서고 있다.

지금 생각해봐도 1977년의 분화 직후의 상황은 매우 혹독했다. 나는 1977년의 재해로부터 5년간 도야 호수 온천의 부흥을 모니터해왔는데, 관광업자 사이에서 치열한 생존경쟁이 전개되어 큰 호텔이 중소 여관을 도태시키는 모습을 볼 수 있었다. 온천업계의 해고 사태가 벌어진 것이다. 분화 후에 폐업 위기를 맞은 여관들이 많아서 도야 호수 온천 관광업은 과점화되어갔다. 이런 현상도 옳고 그름을 별개로 한다면 관광산업을 효율화시켰다고 할 수 있을 것이다.

대형 재해는 그때까지의 사회시스템의 결함을 클로즈업해 보여줌으로써, 이를테면 사회를 변동기에 들어서게 만든다. 달리 말하면 역사의 톱니바퀴를 한 바퀴 진전시키는 것으로 이행기의 사회를 조성한다고 말할 수 있다. 그때의 키워드가 사회시스템의 효율화이다. 이 현상은 구체적으로는 합리화라는 형태로 나타난다. 한신 대지진 이후 고베에서는 '고베 브랜드'라는 가치가 희미해졌다. 재해 전에는 식품에서 의류품까지 '고베'라는 이름이 붙으면 고급스러운 느낌이 있었다. 그러나 부흥과정에서 다른 지역에서 들어온 식품과 의류품 등의 가격과 품질이 객관적이고 합리적으로 평가된 결과 고베 브랜드의 위엄과 권위가 약해진 것이다.

재해를 입은 사회시스템은 재해 이후의 사태에 적응하기 위해 기능

면에서 합리화, 효율화를 진행한다. 그 과정에서 낡고 비효율적인 부분은 버리거나 통합해 재생된다. 평상시에는 다양한 저항에 부딪쳐 도저히 실행할 수 없었던 스크랩 앤 빌드 Scrap & Build (노후화한 시설을 폐기하고 신규로 건설)는 긴급사태를 맞이해 쉽게 단행할 수 있게 된다. 이처럼 과감하게 움직인 결과 사회시스템의 변화가 일어나는 것이다.

3) 역사의 교훈: 리스본 대지진, 페스트, 런던 대화재, 2003년 뉴욕 대정전

역사에 남은 대형 재해가 어떤 식으로 사회에 영향을 끼쳤는지 살펴보는 것은 재해가 초래하는 영향의 전형을 알 수 있으므로 유익하다. 여기에서는 역사상 잘 알려진, 종류가 다른 네 개의 재해 사례를 이야기하고자 한다. 재해는 시대를 반영하는 거울이다. 그리고 새로운 타입의 재해를 아는 것은 현대 사회를 아는 것이기도 하다. 최근 일어난 재해를 통해 거기에서 무엇을 얻을 수 있는지 생각해보자.

리스본 대지진

1755년 11월 1일 만성절 All Saints Day, 포르투갈의 수도 리스본은 미사에 참가하기 위해 교회에 모인 사람들로 넘쳐났다. 만성절이란 그리스도교의 모든 성인을 찬미하는 축일로, 매년 11월 1일에 열리는 그리스도교의 축제다. 18세기에 포르투갈은 네덜란드에게 대항해 시대의 번영을 빼앗겼고 그 후에는 세계적인 패권을 확립한 영국의 그늘에 가려 세계사의 무대에서 모습을 감췄다. 그래도 도처에 옛 번성의 흔적이 남아 있던 리스본에 이날 매그니튜드 8.5의 초거대 지진이 강타했다.

오전 9시 반경, 첫 번째 지진이 일어났다. 붕괴된 교회당이 미사를 보던 사람들을 덮쳤고, 시내의 많은 건물들이 파괴되었다. 이 지진으로 시내 건축물의 85퍼센트가 피해를 입었고 2만 명이 압사당했다고 한다. 약 2분 후 두 번째 지진이 닥쳤다. 이 지진으로 이미 균열이 생겨 취약해진 건물 대부분이 무너졌고 대형 화재가 발생해 수천 명이 불에 타 사망했다. 리스본 시는 테조Tejo 강이라는 큰 강이 바다로 흘러들어가는 어귀에 위치해 있으므로 시민들은 이 하안가를 피난 장소로 정했다. 정오경, 세 번째 지진이 강타했다. 그 후 10미터가 넘는 쓰나미가 세 번에 걸쳐 밀려들었다. 이 거대 쓰나미는 화재를 피해 하안의 공터로 피난한 5만 명의 사람들을 순식간에 삼켜버렸다. 약 30만 명이 살았던 리스본 시는 이 대참사로 인해 인구의 4분의 1을 잃었다.

국왕 호세 1세는 신하 마르케스 데 폼발Marquees de Pombal에게 무엇을 해야 좋을지 물었다. 폼발은 사망자를 이장하고 생존자에게 음식을 나눠주는 것이 가장 시급하다고 답한 후 국왕의 허락을 얻어 스스로 진두에 서서 리스본 재건과 부흥에 힘을 쏟았다. 리스본의 부흥과 재개발의 성공으로 폼발은 국왕에게 두터운 신임을 얻었고, 누구도 견줄 수 없을 만한 권력을 쥐게 되었다. 그는 여세를 몰아 국내 정치의 개혁을 단행했다.

오늘날 리스본의 중심부에 보이는 곧고 넓은 도로와 그것을 잇는 광장의 기하학적인 도시 구조는 이때 만들어진 것이다. 지진 피해를 입은 리스본 중심부는 중세적 분위기를 자아내던 도시에서 근대적인 도시로 변모했으나, 지진 피해가 적었던 곳은 중세적인 모습이 그대로 남아 관광명소가 되었다.

대형 지진이라는 재해 피해는 폼발이라는 카리스마 넘치는 인물을 포르투갈의 국정에 등장시켰다. 그는 도시의 근대화를 일으킨 촉매제였다고 말할 수 있다.

페스트

대역병 페스트는 14세기 중반 불과 3년 사이에 유럽에서만 약 2천5백만 명에서 5천만 명을 사망케 했다고 알려져 있다. 이는 당시 유럽 인구의 4분의 1에서 2분의 1에 해당하는 숫자다.

유럽에서 유행한 페스트는 1096년에 시작되어 그 후 13세기 후반까지 일곱 번에 걸쳐 일어난 십자군 원정과 몽골제국의 서방 침입에 의한 동서 물류 확대에 기원을 두고 있다. 원래는 인도 등지에 서식하고 있던 페스트균에 감염된 곰쥐가 이 동서 물류를 타고 유럽으로 이동했다. 먼저 실크로드를 따라 페스트가 퍼졌고 14세기 중반에는 동방 교역이 점점 확장되면서 유럽에 침투했다. 페스트의 매개체는 감염된 쥐에 기생하는 벼룩으로, 이 벼룩이 사람의 피를 빨 때 페스트균을 주입해 사람을 감염시켰다.

지오반니 보카치오의 작품『데카메론』은 1348년에 이탈리아 토스카나 지방을 휩쓴 페스트를 피해 시골의 화원에 모인 열 명의 남녀가 열흘에 걸쳐 나눈 백 편의 이야기를 묶은 소설집이다. 도시와 마을에는 이장되지 않고 방치된 사체가 넘쳐났고 사람들은 신앙심도 도덕심도 잃어버렸다. 아이들을 버린 부모, 아내를 살해한 남편, 타락한 성직자나 페스트를 두려워해 은거한 여자, 공포에 사로잡혀 향락에 빠진 이 등 다양한 지역의 다양한 사람들의 모습이 그려져 있다.

페스트는 반복해서 유럽 각국을 습격했다. 페스트 종식을 감사하며 지은 교회와 페스트 퇴치 기념탑 등 유럽 각지에 남아 있는 유적을 통해 그로 인한 희생이 얼마나 엄청났는지를 알 수 있다.

페스트의 대유행 중에서도 특히 잘 알려져 있는 것이 1665년 런던에서 발생한 런던 대역병이다.

『로빈슨 크루소』의 저자인 대니얼 디포는 네다섯 살쯤의 유아기에 페스트의 대유행을 경험했다. 그는 자신의 체험과 당시 이용 가능한 자료에 근거해 1722년에 『역병의 해 일지*A Journal of The Plague Year*』를 저술했다. 거기에 다음과 같은 내용이 들어 있다.

틀림없이, 1664년 9월 초엽, 이웃 사람들과 여러 이야기를 나누던 중 네덜란드에서는 또 역병이 돌기 시작한 것 같다는 말을 들었습니다.

페스트는 런던으로 번졌고 1665년 여름이 지날 무렵 정점에 달했다. 디포는 다음과 같이 썼다.

이미 9월에 접어들었습니다만, 생각건대, 이번 달은 지금까지 런던에서는 본 적이 없을 만큼 공포스러웠습니다. 런던을 습격한 페스트 유행의 기록을 전부 알아본 결과, 이번처럼 끔찍한 광경은 찾기 힘들었기 때문입니다.

현대 역사학자의 연구에서는 이 해에 페스트로 인해 사망한 사람이 7만 5천 명에 달했다고 추정하고 있다.

영국의 사회경제사 전문가인 존 해처John Hatcher는 1100년부터 1525년까지의 영국의 인구동태를 연구했는데, 그에 따르면 1100년경에는 2백만 명 전후였던 영국의 인구가 그 후 2백 년간 4백만 명에서 6백만 명까지 급증했다. 그러나 인구 증가가 정점에 달한 1300년대 중반에 영국의 인구는 250만 명 전후까지 갑자기 급락했는데, 이 전문가에 따르면 급격한 감소의 원인이 페스트였다고 한다. 그 후 영국의 인구는 1525년까지 약 250만 명 전후 수준으로 거의 변화가 없었다.

페스트는 명백한 재해다. 이 재해로 인해 유럽의 인구는 격감했다. 이러한 대형 재해는 사회에 반드시 영향을 끼치게 된다. 페스트가 많은 사람들을 죽음에 이르게 한 결과, 중세 유럽은 노동자가 부족했다고 한다. 일손이 부족해지자 단순노동의 가치가 높아져 노동의 집적화와 생력화省力化●를 꾀할 필요성이 대두되었다. 그것이 기술혁신적인 사회를 만들기 위한 동기가 되었다. 한편 페스트는 근대정신이 탄생하는 장을 마련했다고도 일컬어진다.

● 노동력을 줄이기 위한 산업의 기계화, 무인화無人化를 촉진하는 것을 말한다.

또한 보카치오는 『데카메론』에서 "아, 얼마나 많은 웅장한 궁전에 훌륭한 저택에 멋진 집들에 시종을 거느린 신사숙녀들이 살았었는지. 지금은 주인은 물론이고 하녀 한 명조차 남아 있지 않다니. 아, 얼마나 많은 유서 깊은 가문과 막대한 유산과 세상이 다 아는 부富가 지금은 상속받을 자손도 없이 허무하게 남아 있는지"라고 애도했다. 이처럼 치료 방법이나 예방법도 없이 신분의 귀천을 두지 않고 많은 목숨을 앗아간 페스트로 인해 중세 유럽 제국의 지배계층은 힘이 약해졌다. 페스트가 서유럽의 봉건제를 붕괴시키고 종교개혁과 르네상스의 간접적인 원인이 되었다는 추리도 무리는 아니다.

그런데 런던에 페스트가 유행하던 시기, 즉 런던 대역병이 종식을 맞이한 다음해인 1666년에 런던에서는 대화재가 발생했다.

런던 대화재

대화재가 발생하기 전의 런던은 페스트를 시작으로 한 감염질병의 소굴이었다. 좁은 거리의 중앙을 흐르던 하수도는 생활 폐기물로 넘쳐났고, 노상에 지어 올린 목조 집들은 사람들로 넘쳐났다. 인구는 50만 명. 당시 유럽의 최대 도시였던 런던은 안개가 많고 일조량이 적었기에 인구 과밀과 맞물려 위생 상태가 더욱 악화되었다. 그리고 런던 대역병이 있던 다음 해인 1666년, 기력도 없던 런던에 대화재가 일어났다.

9월 1일 자정이 다 되어갈 무렵, 푸딩 레인Pudding Lane에 있는 토머스 페리너Thomas Farriner의 빵 굽는 가마에서 화재가 발생했다. 당시의 국왕 찰스

2세를 위해 빵을 굽는 왕실 전용 빵가게에서 불이 났던 것이다. 몇 주 동안 비가 내리지 않아 런던은 건조한 날씨가 지속되고 있었다. 불은 순식간에 창고가 밀집한 거리로 옮겨 붙었고 오전 2시경부터 불기 시작한 강한 북동풍을 타고 템스 강 하안까지 번져 오전 7시경에는 템스 강 북쪽 시가지를 태웠다.

발화 후 12시간이 지난 9월 2일 정오, 런던 시장은 불의 진행 방향에 있는 건물을 파괴하라고 명령했지만 소용없었고 불은 그다음 날인 3일에도 계속 타올랐다. 그리고 4일 오후에는 세인트폴 대성당이 전소되었고 늦은 밤에는 런던탑까지 불길이 손을 뻗쳤다. 당시 런던탑에는 화약이 대량으로 저장되어 있었는데 소방대원의 필사적인 노력이 결실을 맺어 런던탑은 불길을 면했고, 그토록 대단했던 불길도 5일에는 진화되었다.

타고 남은 것은 구시가지의 20퍼센트뿐이었고 피해자는 20만 명이나 되었으나 사망자는 몇 명에 그쳤다. 엄청난 화재였음에도 사망자가 적었던 것은 불행 중 다행이었다. 많은 이재민들은 식료품도 물도 옷도 없었다. 국왕은 근교의 도시와 마을에 이재민 구호를 명령해 그들을 일시적으로 수용하고 식사와 옷, 잠잘 곳을 제공하게 했다.

런던의 부흥이 시작되었다. 크리스토퍼 렌Christopher Wren을 포함한 국립건설위원회는 런던 시내 곳곳에 큰 광장을 배치하고 넓은 직선도로가 그 광장으로 연결될 수 있게 할 것, 불쾌한 냄새나 소음을 배출하는 공장과 작업장을 주택 지구에서 내보낼 것, 그리고 템스 강 하안에 밀집한 창고를 없애고 정원과 저택을 배치할 것 등을 제안했다. 국왕 찰스 2세는 국립건설위원회가 제출한 부흥계획 중 많은 부분을 채용했다. 찰스 2세가 특히 중시한 것은 런던 시내에 목조건축물을 만드는 것을 금지한 일이었다. "어떤 이유가 있더라도 건물의 종류와 크기에 상관없이 벽돌이나 돌로 건물을 지어야 한다"는 것이 국왕의 명령이었다.

런던 부흥은 오랜 노력의 결과였다. 5년 후에 개인 주택과 공공시설이 들어서기 시작했고 세인트폴 대성당은 44년 후인 1710년에 드디어 완성되었다. 런던 대화재 후에 런던 시는 새로운 모습으로 변화했다. 지하에 묻은 하수도망과 넓은 도로를 지닌 근대 도시가 탄생한 것이다. 그 모습은 오늘날의 런던과 그다지 다르지 않다. 위생 상태가 대폭 개선되었기에 대화재가 발생하기 전 번번이 맹위를 떨치던 페스트도 대화재 후에는 유행하지 않았다. 재해가 도시의 근대화와 효율화를 불러온 전형적인 사례였다.

2003년 뉴욕 대정전

뉴욕의 2003년 8월 14일은 무더운 하루였다. 그래도 평년보다 기온이 조금 낮았기에 최고 기온 33도는 그럭저럭 참을 수 있었다. 출근시간이 이른 샐러리맨들의 퇴근시간이 가까워질 때까지 도시의 무더위는 꺾이지 않았다. 그리고 오후 4시 11분, 갑자기 대정전이 발생했다.

뉴욕을 휩쓴 북미 대정전은 오후 4시 6분에 시작되었다. 처음에는 오하이오 주의 애크런Akron을 시작으로 미국과 캐나다 등지에 쓰나미처럼 밀려 퍼졌고 7분간 263개의 발전소 중 531기의 발전기가 긴급 자동 정지되었다. 그중에는 미국과 캐나다의 원자력발전소 21기(미국 9기, 캐나다 12기)도 포함되어 있었다. 미국의 8개 주, 캐나다의 2개 주에 살고 있던 총 5천만 명의 사람들이 정전 피해를 입었다. 이 자동 정지는 마치 연속으로 쓰러지는 도미노처럼 연이어 발생했다.

뉴욕의 오피스와 지하철 내에 갇힌 사람들의 첫 반응은 "테러가 아닐까?"라는 경악이었다. 그들의 관심은 정전이 언제 끝날지가 아니라 테러인지 아닌지였다. 4주 후가 9·11 동시다발 테러 2주년이었기에 테러의 위협에 민감해져 있었다. 그 순간 약 80만 명이 지하철과 차 속에 갇혀 움직일 수 없는 상태가 된 것이다. 부시 대통령과 파타키 뉴욕 주지사가 즉시 정전이 테러와 관련이 없다는 것을 언명한 것은 혼란을 미연에 방지하는 데 유효했다. 자동차 라디오와 휴대용 라디오를 통해 정전의 원인이 테러가 아님을 알게 된 사람들은 긴장을 풀고 안심했다.

뉴욕 시에서는 시 경찰청을 중심으로 만 명의 경찰관을 배치했다. 시장 직속 긴급사태관리국OEM은 시와 경찰, 소방청, 위생국의 활동을 조정해 삼엄한 경비태세를 펼쳤기에 시내의 치안은 안전하게 유지되었다. 맨해튼에서는 귀가할 수 없는 사람들과 여행객들을 포함해 수만 명이 지하철역이나 보도에 신문지를 펴고 잤으나, 도난이나 범죄 피해는 거의 일어나지 않았다. 평소라면 생각할 수도 없는 일이었다.

정전이 되고 24시간 이내에 8만 건의 경찰 긴급 통보, 5천 건의 응급차 출동 요청, 8백 건의 엘리베이터 구출, 60건의 촛불로 인한 화재 등이 발생했으나, 경찰에 체포된 사람은 850명으로 이 시기의 하루 평균 체포자 수보다 백여 명 정도 적었다.

기업과 금융기관에서는 컴퓨터의 백업 기능이 작동해 급작스러운 정전에도 불구하고 데이터를 잃지 않았다. 병원 등에 구비된 자가발전장치는 별다른 지장 없이 작동했다. 여기에서도 테러 이후 긴급사태에 강해진 뉴욕의 진짜 모습을 확인할 수 있었다.

시민이 교통정리를 하거나 초를 나눠주는 등 9·11을 경험한 뉴욕은 더욱 강한 연대감과 애타정신을 발휘했다. 블룸버그 시장의 "침착하게 집에 머무시고, 환기를 위해 창문을 여세요. 그리고 서로 돕고 협력해주십시오"라는 메시지는 불안을 해소하는 효과가 있었다. 시민들은 식료품 조달이 어려운 것과 은행의 현금자동지급기나 휴대폰을 사용할 수 없어 곤란을 겪었다. 휴대폰을 쓸 수 없었던 이유는 통화량이 급증하고 안테나의 비상용 배터리 용량이 부족해서였다. 또한 시의 위생당국이 시내의 병원 등에서 실시한 조사에 따르면, 부패한 식품을 먹고 식중독에 걸린 사람이 평소보다 많았다는 것 외에 큰 혼란은 없었다.

뉴욕의 대정전은 이번이 처음은 아니었다. 1965년에도 1977년에도 대정전을 겪었다. 특히 1977년 7월에 있었던 대정전 때는 정전이 일어난 후 25시간 동안 약탈, 강도, 폭행이 횡행해 체포자가 3천8백 명에 달했다. 이때에 비하면 테러 후의 뉴욕은 안전을 향한 시민의 구심력이 현저히 강해졌다. 대정전을 이겨낸 뉴욕은 긴급사태로 인해 더 강해진 대도시의 한 모델을 보여주었다.

미국의 에너지성과 캐나다의 천연자원성의 합동조사위원회가 대정전의 원인에 대해 11월 19일 중간보고서를 공표했다. 이 공표에 따르면 대정전의 발단은 미국 오하이오 주의 전력공급회사 퍼스트 에너지 사^社 소유의 초고압 송전선과 수목이 접촉해 쇼크를 일으킨 데 있었다. 이 단순한 사고로 컴퓨터가 이상 작동하면서 송전망의 전압 감시장치가 정상적으로 기능하지 않았다. 게다가 퍼스트 에너지 사 직원의 안전기준 위반도 겹쳐 이상한 전류가 송전망에 보내졌기에 안전장치가 작동해 발전기가 긴급 자동 정지했다. 그 결과 대정전이 발생한 것이다. 전기는 생산과 소비가 동시에 일어나는 특이한 에너지다. 발전소, 변전소, 소비자를 연결하는 복잡한 송전망은 마치 우리의 뇌 속 뉴런과 같은 네트워크를 갖고 있다. 그 네트워크를 흐르는 전력은 항상 변화한다. 어딘가에서 이변이 발생하면 그 이변이 즉시 전체적으로 파급되어 대참사를 일으킬 위험이 있다. 전기는 생물과도 같다는 것을 실감할 수 있는 사건이었다.

같은 해 9월 28일, 이탈리아에서도 전국적인 정전이 발생했다. 이때는 5천7백만 명에게 영향을 끼쳤다. 거의 같은 시각에 스위스 제네바, 오스트리아 남부에서도 정전이 발생했다. 전기는 국제적으로 매매되는 상품이다. 예를 들어 이탈리아에서는 국내에서 소비되는 전력의 17퍼센트를 프랑스와 스위스에서 수입한다. 이탈리아 정부는 이 대정전의 원인이 프랑스와 스위스의 송전망에 있다고 비난했으나, 진짜 원인은 아직도 밝혀지지 않고 있다.

이탈리아에서 대정전이 발생하기 수일 전인 9월 24일에는 덴마크 동부와 스웨덴 남부에서 대규모 정전이 일어나 5백만 명에게 피해를 입혔다. 일본에서도 같은 일이 일어나지 않으리라는 보장은 없다. 그때 대정전을 경험한 적이 없는 일본이 어떤 상황에 빠지게 될지 걱정스럽다.

지금까지 서술해온 것처럼 재해는 재해를 입은 사회시스템을 리스크가 꽤 큰, 즉 그 자체의 생사가 걸린 중요한 의사결정 국면에 직면하게 만든다. 피해의 정도와 재해를 입은 사회시스템의 활력, 외부 환경사회가 지원하는 원조의 질과 양이 재해 부흥의 가장 중요한 요소인 것은 틀림없다. 하지만 하나 더 중요한 요건이 있다. 바로 신속하고 절도 있는 의사결정을 내릴 수 있는 유능한 리더의 존재다. 리스본 대지진 때의 폼발이나 런던 대화재 때 부흥계획을 수립한 렌처럼 탁월한 인물의 존재가 재해부흥의 최종적인 성과를 결정하는 중요한 열쇠라고 말해도 좋을 것이다.

새 시대에는 새로운 재해가 닥친다. 우연히 일어난 작은 사고와 인위적인 실수가 쌓이면 우리에게 가장 중요한 에너지인 전기가 완전히 정지해버리는 북미 대정전처럼 예기치 못한 대형 재해가 발생할 수 있다. 그렇다고 걱정할 일만은 아니다. 새로운 재해는 다음의 새로운 재해에 대응할 힘을 부여해준다. 9·11 동시다발 테러 후의 뉴욕에도 이 같은 원칙을 적용할 수 있다. 대정전을 혼란 없이 극복할 수 있었던 뉴욕에는 테러의 교훈이 살아 있었던 것이다. 즉 우리 인간은 재해를 극복하고 그것을 통해 배우고 그리고 새로운 재해를 대비하는 능력을 갖고 있는 것이다.

천위^{天爲}와 인위^{人爲} 사이에 사는

인간으로서

20세기가 전쟁의 세기였다면 21세기는 재해의 세기일지도 모른다. 과학기술의 개발이 가속화되면서 우리의 생활 템포는 느린 발걸음에서 질주 상태로 변했다. 재해와 맞닥트릴 기회는 앞으로 점점 더 많아질 것이라고 생각한다. 이 책은 그러한 전제하에서 재해와 어떤 식으로 사귀면 좋을지 그것을 위한 기본적인 생각을 서술한 것이다.

재해 희생자 한 사람 한 사람의 비극에 깊은 애도를 금할 길이 없다. 그러므로 재해 피해를 발판으로 한 방재 노력을 결코 잊지 않겠다는 각오가 필요하다. 하지만 아무리 노력해도 완전한 방재란 불가능하다. 재해는 우리의 허를 찌르고 감춰져 있던 약점을 드러낸다. 불로불사는 불가능하고 무릉도원 또한 현실에 존재하지 않는다. 우리는 살아 있는 인간이고 현대 문명은 여러 결함을 갖고 있으므로 그 약점을 노리고 공격하는 재해와 함께 살아가는 수밖에 없다. 하지만 이것을 비극적으로 받아들일 필요는 없다. 우리는 재해에서 살아남을 수 있는 힘을 갖고 있고 재해를 변화의 전환기로 이용할 줄도 안다.

인간은 이상하다고 할 정도로 강한 호기심과 언제나 미지의 영역을 파헤치려는 성향을 가진 존재다. 지치지 않는 과학 연구와 기술개발의 열정이 그러한 성향을 드러내는 하나의 표현이다. 하지만 맹목적으로 추진하거나 혹은 그 성과를 보편적으로 이용하려는 정도가 어느 한계를 넘어버리면, 우리 앞에 새로운 재해를 일으키게 된다. 한편으로 강렬한 탐구심을 갖고 연구와 개발에 열심인 덕분에 닥쳐오는 재해를 어느 정도 제어할 수 있는 방법도 손에 넣을 수 있다. 양날의 검을 지닌 미지의 영역에 발을 내딛어야 하는 것이 인간의 숙명이다. 긴장을 늦춰서는 안 된다. 잘못 판단하면 예기치 못한 대형 재해에 희생당한다. 대자연, 바이러스 그리고 세균도 모두 매우 '똑똑하다'. 우리가 결정적인 제어 방법을 손에 넣었다고 여기는 순간, 그들은 그것을 무효로 만들며 새로운 모습으로 우리 앞에 나타난다. 그러나 먹느냐 먹히느냐의 세계에서 한쪽이 완전한 승리자가 될 수는 없다. 이쪽과 마찬가지로 상대편에도 생존과 존속이 걸려 있다. 자연재해나 역병 그리고 인재에도 공통 원리가 작동한다.

하나의 사례를 들어보자. 사스^{SARS}(중증급성호흡기증후군)는 2002년 11월 이전에 중국에서 시작되었다. 시작된 시기가 애매한 것은 국가 자체의 신용을 손상시켜버리는 비밀주의를 견지한 탓에 과학적인 조사가 불완전해서 정확한 역학 데이터가 공표되지 않았기 때문이다. 다음해 7월 초엽 캐나다에서 마지막 환자가 보고된 것으로 사스의 유행은 끝났다. 세계보건기구^{WTO}의 집계에 따르면 전 세계 환자 누계는 8,437명으로, 그중 사망자는 813명이었다(2003년 7월 11일 발표). 질병 유행의 억제와 침입 방지를 위해 세계 각국이 삼엄한 체제에 돌입해 각국의 항공 검역이 대대적으로 이루어졌고 철저한 격리정책이 실시되었다. 그 결과 일단 확산을 방지할 수 있었던 것은 2000년대 중반쯤이었다. 여기에서 일단 확산 방지라는 말을 사용한 것은 아직도 어딘가에 증세가 없는 감염자가 있을 수 있다는 우려에서이다. 또한 사람에게 사스 바이러스를 매개하는 중간숙주가 확인되지 않고 있고, 감염 경로도 불명확하기에 사스가 다시 발생할 가능성이 있기 때문이다. 감염질병이 대유행하는 이러한 사례는 재해와 인간의 상호관계를 단적으로 드러내준다.

현대 재해의 특징이라고 볼 수 있는데 사스는 감염자와 사망자의 수에 비해 심리적, 경제적 영향력이 매우 컸다. 유행 지역은 물론이고 세계 각지의 사람들이 사스 감염을 두려워한 나머지 패닉 상태에 빠졌다. 그런 까닭으로 각국 정부는 이에 대해 대담한 대책을 세웠다. 이것은 객관적으로 보면 과잉반응이었다. 인권을 배려하지 못한 측면도 있었다. 그러나 이런 종류의 재해의 경우, 감염 확산을 방지하고 사람들의 불안을 진정시키기 위해서 과잉반응이 필요했을지도 모른다. 재해 대책처럼 끓어오르는 사람들의 불안에 대처할 필요성을 포함해, 위험관리는 철저해야 하기 때문이다. 불씨의 발생지였던 중국의 경제는 1989년 천안문 사태 이래 가장 큰 손실을 입었다. 초기 단계에서 재해 위험에 성실히 대처하지 않은 탓에 위기관리의 실패에 대한 청구서가 날아든 것이다. 이것은 그릇된 비밀주의가 결국 비싼 값을 치른다는 교훈을 남겼다.

2001년 9월 11일 미국에서 일어난 동시다발 테러 이후, 세계적으로 해외여행을 삼가는 경향이 강해진 상황에서 경영난을 겪던 항공업계는 사스라는 혹독한 재해에 직격탄을 맞았다. 빠른 속도로 대량 운송이 가능한 하이테크 과학기술의 결정체라고 할 만한 항공기가 만약 이 정도로 발달하지 않았다면 사스와 에이즈 같은 감염질병도 이렇게까지 급속하게 세계 각지에 확산되지는 않았을 것이다. 항공업계의 타격은 정말로 아이러니한 결과였다. 하지만 잘 생각해보면 현대의 고도 과학 기술의 진보가 없었다면 사스의 원인 바이러스를 특정하는 것도 불가능했을 것이고, 유행의 확대를 이 정도로 단기간에 억제하는 것도 불가능했을 것이다. 사스가 중세 유럽에서 발생했다면 페스트가 돌았던 시기만큼 사망자가 나왔을지도 모른다. 이것은 재해를 제어하는 수단이 우리에게 있다는 것을 증명하는 것이다.

사정은 에이즈의 경우도 비슷하다. 에이즈에 의한 사망자는 페스트와 콜레라로 사망한 사람들을 웃도는 것으로 추정된다. 그러나 현재 결코 완전하다고 할 수는 없지만 일단 예방법은 확립되어 있고, 완전한 치료를 기대할 수는 없으나 다양한 치료법이 개발되어 감염 후 발병 없이 오랜 시간을 보낼 수 있게 되었다. 또한 증상이 드러난 후에도 병의 진행을 상당히 늦출 수 있게 되었다. 에이즈가 만성질환이 되었다고 말할 수 있을 정도까지 온 것이다. 감염질병의 새로운 유행에서도 사스와 에이즈만이 문제인 것은 아니다. 웨스트 나일 바이러스$^{West Nile Virus}$●의 유행지역 확대, 새 유행성출혈열의 출현처럼 그리고 기존의 약에 내성을 갖는 결핵과 말라리아의 유행처럼 새로운 위기는 계속 발생하고 있다. 이것은 자연재해의 경우도 마찬가지다. 우리는 이 세계가 지금 배태하고 있는 재해, 막 탄생한 재해, 성장하고 있는 재해에 부단히 대처할 것을 강요당

● 뇌에 치명적인 손상을 입히는 뇌염의 일종. 1938년 우간다의 웨스트 나일 지역에서 처음 발견되었기 때문에 이런 이름이 붙었다.

하고 있다. 새로운 재해에 맞닥트리고 그것을 넘어섰다고 생각하면 다음의 재해가 기다리고 있는 세계에서 우리는 살고 있다.

얼마 전 나는 어떤 정글의 빛이 닿지 않는 동굴 깊숙한 곳에 살고 있는 박쥐 수만 마리의 배설물이 지면에 소용돌이 모양의 산처럼 쌓여 있는 광경을 텔레비전 프로그램에서 보았다. 흥미로웠던 것은 암흑세계 속에서 박쥐의 배설물을 분해해 그것을 먹이로 하는 생물들의 먹이사슬이 형성되어 있는 것이었다. 박쥐가 숨어 있는 곳에 새로운 생태계가 형성되어 그곳에 완전히 다른 세계가 출현하고 있었던 것이다. 인간은 박쥐보다 거대한 존재다. 이 지구를 석권한 결과 나오는 생산물과 폐기물도 방대하고 종류나 모양도 다양하다. 인간이 이 지구에 생식하면서 동굴 속 박쥐가 만들어낸 신세계와는 달리 복잡하고 광범위한 영역에 새로운 생태계를 형성해 자연환경에 심대한 충격을 가했다. 이처럼 거대화된 인간에게 생존을 위협하는 재해란 도대체 무엇일까. 아마도 그것은 인간 그 자체일 것이다.

어느 시대 어떤 사회라도 재해는 우리 인간이 환경에 가하는 작용에 대해 환경 측으로서 반응해왔다. 우리가 어떠한 '삶'을 영위하는지에 따라 재해는 놀라울 정도로 다양한 얼굴로 나타났다. 지진과 홍수 등의 자연재해뿐만 아니라 그와 같은 정도로 감염질병의 대유행이나 각종 공해, 다양한 인재에도 이 원칙은 들어맞는다. 일찍이 재해는 신의 섭리 또는 영적인 의지로 실현되는 초자연적인 이치라고 생각되어왔다. 재해를 가볍게 본 인위人爲에 내려진 천위天爲로 받아들인 것이다.

두 개의 재해관을 살펴보자. 우선 '천주설^{天誅說}'이라고 부를 수 있는 사고방식이 있다. 사람들이 범하는 인륜에 반하는 악덕이나 퇴폐에 대해 하늘이 재해를 내려 벌한다고 보는 관점이다. 그리스도교의 『구약성경』에는 고대 도시의 소돔과 고모라가 신을 화나게 해 천상에서 벌을 내려 멸망했다고 나와 있고, 그리스 신화의 전능한 신 제우스는 하늘을 전차로 질주하며 번개를 내려 악을 쓰러트렸다고 전해진다.

또 다른 사고는 재해가 하늘이 사람들에게 지은 죄를 깨닫게 하려는 메시지라는 재해관이다. 이것을 '천벌설'이라고 부른다. 사람들이 악업을 고치고, 정도^{正道}로 돌아오면 하늘도 그것을 인정해 재해를 멈춘다고 믿는 것이다.

이러한 재해관이 갖고 있는 공통점은 '천위'와 '인위'가 서로 관계하고 있다는 것이다. 천주설도 천벌설도 그 자체는 황당무계하지만 재해의 기원을 환경과 인간의 관계에 두고 있는 것은 틀림없다. 재해는 자연환경 속에 있는 재해인과 우리가 갖고 있는 취약성이 결부되어 발생한다. 재해는 인간 행위의 결과가 다시 자신에게 돌아오는 프로세스다. 자연재해에서도, 감염질병의 유행에서도, 인재에서도 신이 아닌 신체를 가진 우리가 살아가는 한 각종 재해의 피해는 피할 수 없다. 그렇다면 가능한 한 재해를 제어하면서 재해와 함께 살아갈 각오가 필요하다. 재해가 인간에게 주어진 것이라고 생각하며 살아가는 것이 더욱 현명한 삶의 자세가 아닐까.

마지막이 되었다. 이 책을 집필할 때 자료와 원고 정리를 도와준 다카나시 야스에高梨靖惠 씨에게 많은 도움을 받았다. 또한 슈에이샤의 오우라 케이코大浦慶子 씨의 적절한 조언은 이 책을 구성하는 데 매우 큰 도움이 되었다. 두 사람에게 진심으로 감사를 전한다.

　또한 이 책이 신기하게도 9주년을 맞이하는 한신 대지진과 같은 달에 발행되는 것에 감개무량하다.[•] 그 재해 피해지에서의 경험이 지금 내 정신의 중추가 되어 있다.

• 이 책의 초판은 2004년 1월 21일에 발행되었다.

참고문헌

1. 재해와 인간

Becker, A. & Grünewald, U., "Flood risk in Central Europe", *Science*, 300, 2003, p. 1099.

Erikson, K. T., *Everything in It's Path: Destruction of Community in the Baffalo Creek Flood*, Simon & Schuster, 1976.

히로세 히로타다広瀬弘忠 편, 『거대 지진 ─ 예지와 그 영향巨大地震 ─ 予知とその影響』, 도쿄대학출판회, 1986.

기타하라 이토코北原糸子, 「'교호' 기근과 지역 행동 ─ '인풍일람'의 사회사적 의의'享保' 飢饉と町方施行 ─ '仁風一覧'の社会史的意義」, 『일본사 연구』 8월호, 1981, pp. 1~38.

Lifton, R. J., *Death in Life: Survivors of Hiroshima*, Random House, 1967.

주디스 하먼Judith Harman, 나카이 히사오中井久夫 옮김, 『심적 외상과 회복心的外傷と回復』, 미스즈쇼보, 1996.

구라타 하쿠조倉田百三, 「지진에 관한 감상震災に就いての感想」, 『가이조改造』 대지진호, 1923, pp. 180~193.

Oliver-Smith, A., "Yungay Avalanche of 1970: Antholopological Perspective on Disasters and Social Change", *Diasters*, 3, 1, 1979(a), pp. 95~101.

Oliver-Smith, A., "Post Disaster Consensus and Conflict in a Traditional Society: The 1970 Avalanche of Yungay, Peru", *Mass Emergencies*, 4, 1979(b), pp. 39~52.

다케히사 유메지竹久夢二, 「변재잡기變災雜記」, 『가이조改造』 대지진호, 1923, pp. 124~130.

Welfenstein, M., *Disaster: A Psychological Essay*, Free Press, 1957.

2. 재해 피해를 좌우하는 것

Culotta, E., "Asian Hominids Grow Older", *Science*, 270, 1995, pp. 1116~1117.

Drabek, T. E. & Stephenson, J. S., "When Disaster Strikes", *Journal of Applied Social Psychology*, 1, 1971, pp. 187~203.

히로세 히로타다広瀬弘忠 편, 『거대 지진 ─ 예지와 그 영향巨大地震 ─ 予知とその影響』, 도쿄대학출판회,

1986.

McCurdy, S. A., "Epidemiology of Disaster-The Donner Party(1846~1847)", *Western Journal of Medicine*, 160, 1994, pp. 338~342.

Moore, H. E., Bates, F. L., Layman, M. V. & Parenton, V. J., "Before The Wind: A Study of the Response to Hurricane Carla", *National Academy of Science*, National Research Council, 1963.

Templeton, A. R., "Out of Africa again and again", *Nature*, 416, 2002, pp. 45~51.

Wanpo, W., Ciochon, R., Yumin, G., Larich, R., Qiren, F., Schwarcz, H., Yonge, C., de Vos, J. & Rink, W., "Early Homo and Associated Artifacts from Asia", *Nature*, 378, 1995, pp. 276~278.

3. 위험 예지와 재해 피해의 상관성

Gottfried, R. S., *The Black Death: Natural and Human Diseases in Medieval Europe*, Free Press, 1983.

Moore, H. E., Bates, F. L., Layman, M. V. & Parenton, V. J., "Before the Wind: A Study of the Response to Hurricane Carla", *National Academy of Science*, National Research Council, 1963.

Perry, R. W., Lindell, M. K. & Greene, M. R., *The Implication of Natural Hazard Evacuation: Warning Studies for Crisis Relocation Planning*, Battelle, Human Affairs Research Centers, 1980.

4. 패닉이라는 신화

Best, R. L., Investigation Report: The Beverly Hills Supper Club Fire, *Southgate Kentucky*, May 28, 1977, National Fire Protection, Fire Investigation Department, 1977.

Lawson, R. G., *Beverly Hills: The Anatomy of Nightclub Fire*, Ohio University Press, 1990.

Quarantelli, E. L., "The Behavior of Panic Participants", *Sociology and Social Research*, 41, 1957, pp. 187~194.

Smelser, N. J., *The Theory of Collective Behavior*, Free Press, 1962.

Velfort, H. R. & Lee, G. E., "The Coconut Grove Fire: A Study in Scapegoating", *Journal of Abnormal Psychology*, 38, 2, 1943, pp. 138~154.

5. 살아남기 위한 조건

Bates, F. L., et al., "The Social and Psychological Consequences of Natural Disaster: A Longitudinal Study of Hurricane Audrey", *National Research Council Disaster Study*, 18, 1963.

Erikson, K. T., *A New Species of Trouble: Explorations in Disaster, Trauma, and Community*, Norton & Company, 1994.

"India's Latest Earthquake", *Nature*, 365, 1993, p. 476.

Lifton, R. J., *Death in Life: Survivors of Hiroshima*, Random House, 1967.

6. 재해현장에서 움직이는 선의의 힘

Bryan, J. H. & Test, M. A., "Models and Helping: Naturalistic studies in Aiding Behavior", *Journal of Personality and Social Psychology*, 6, 1967, pp. 400~407.

켄트 하르슈테트Kent Härstedt, 나카무라 미오中村みお 옮김, 『죽음의 바다에서의 생환 — 에스토니아 호 침몰, 그리고 이야기는 만들어졌다死の海からの生還 — エストニア号沈没、そして物語はつくられた』, 이와나미쇼텐, 1996.

Lifton, R. J., *Death in Life: Survivors of Hiroshima*, Random House, 1967.

Schwartz, S. H. & Howard, J. A., "A Normative Decision-making Models of Altruism", J. P. Rushton & R. M. Sorrentino (eds.) *Altruism and Helping Behavior: Social Personality and Developmental Perspectives*, Lawrence Erlbaum Associates Pubilishers, 1981.

Simon, H. A., "A Mechanism for Social Selection and Successful Altruism", *Science*, 250, 1990, pp. 1665~1668.

수가 마시호菅磨志保, 「재해 구원과 볼런티어 — 새로운 재해 구원과 볼런티어 — 새로운 재해 구원 주체의 가능성과 과제災害救援とボランティア — 新たな災害救援とボランティア — 新たな災害救援主体の可能性と課題」, 『일본도시학회연보』, 2003, p. 36, pp. 38~45.

7. 부활의 길

보카치오, 노가미 소이치野上素一 옮김, 『데카메론 — 열흘간의 이야기』, 이와나미쇼텐, 1948.

Defoe, D., *A Journal of The Plague Year*, 1722 [이즈미야 오사무泉谷治 옮김, 『역병유행기疫病流行記』, 겐다이시쵸샤, 1967].

Editors of Encyclopedia Britannica, *Disaster: When Nature Strikes Back*, Bantam/Britannica Books, 1978.

후지모토 다테오藤本建夫 편, 『한신 대지진과 경제 재건阪神大震災と経済再建』, 케이소우쇼보, 1999.

Haas, E. J., Kates, R. W. & Bowden, M. J., *Reconstruction Following Disaster*, MIT Press, 1977.

Hatcher, J., *Plague and English Economy*, The Macmillan Press Ltd, 1977, pp. 348~1530.

가라타니 유카柄谷友香, 『거대 재해 발생에 따른 피해 과정 정량화에 관한 연구巨大災害発生に伴う被害過程の定量化に関する研究』, 박사학위논문, 교토대학, 2002.

Perry, R. W. & Hirose, H., "Volcanic Eruption and Functional Change: Parallels in Japan and the United States", *Mass Emergencies*, 1, 2, 1983, pp. 231~253.

Prince, S., "Catastrophe and Social Change", Doctoral Thesis, Colombia University, 1920.

옮긴이 　이정희

1981년 서울 출생. 일어일문학과 국어국문학을 전공했다. 어린 시절엔 재미있는 글을 좋아했고 지금은 좋은 글을 재미있어 한다. 현재 글쓰기와 번역에 애정을 쏟고 있다.

인간은 왜 제때 도망치지 못하는가
살아남기 위한 재해심리학

초판 1쇄 발행　2014년 11월 28일

지은이　히로세 히로타다
옮긴이　이정희
펴낸이　김철식
펴낸곳　모요사
출판등록　2009년 3월 11일(제410-2008-000077호)

주소　411-762 경기도 고양시 일산서구 가좌3로 45 203동 1801호
전화　031-915-6777
팩스　031-915-6775
이메일　mojosa7@gmail.com

ISBN　978-89-97066-23-0　03180